the melmac cat

themelmaccat@gmx.com

Marseille, 1423

On a volé les chaînes du port

roman

Jean-Pierre Cassely

Melmac > Marseille
est une collection de

THE MELMAC CAT

Du même auteur

Le petit lexique de ma-belle-Provence-que-j'aime (Jeanne Laffitte, 1998, en co-écriture avec Philippe Carrese)
The Guide of the Provence (L'Ecailler du Sud, 2001, en co-écriture avec Philippe Carrese)
Côte d'Azur insolite et secrète (Jonglez, 2007)
Chacun cherche sa rue dans les Bouches-du-Rhône (Mémoires millénaires, 2015)
Aix insolite et secrète (Jonglez, 2016)
Provence insolite et secrète (Jonglez, 2017)
Marseille insolite et secrète (Jonglez, 2018)

« Dépouillé de ses chaînes, par le roi d'Aragon
Ce port qui portait fier, le nom de Lacydon
Est aujourd'hui exsangue... »

Citation attribuée à tort à Victor Hugo...
Et du coup, on ne sait pas trop de qui sont ces vers...
L'auteur a sa petite idée...

PROLOGUE

Marseille, mercredi 26 novembre 2003, 11h50

Deux cents journalistes entassés dans la salle des délibérations de l'Hôtel de Ville de Marseille ont les yeux rivés sur l'écran géant installé pour la circonstance. Ils sont là pour écouter Pierre-Yves Firmenich, président de la société nautique de… (on croit rêver !) Genève… annoncer que Marseille a des chances de pouvoir accueillir la 32e édition de l'America's Cup (1). Discours inutiles, remerciements de circonstance, projections d'images aériennes des villes candidates pour maintenir le suspense et créer de l'audience à bon prix.

Pour ceux qui n'auraient pas suivi les épisodes précédents, la Suisse, nation éminemment maritime s'il en est, ayant remporté l'America's Cup 2003 en Nouvelle Zélande, avait le privilège de choisir le plan d'eau de la prochaine édition. Comme on le sait, la Suisse est un pays riche, mais qui n'a pas été favorisé en terme de ports maritimes. Et comme le lac Léman n'est qu'un lac, il fallut sélectionner celle des villes européennes maritimes candidates à l'honneur (et à la manne supposée) d'accueillir la prestigieuse régate. Sur les rangs, Lisbonne, Naples, Marseille, Palma de Majorque et Valencia. C'est cette dernière qui l'a finalement emportée provoquant un « ho » de désillusion de la part des journalistes et de l'entourage de Jean-Claude Gaudin, le maire de Marseille. Celui-ci costume et cravate bleue, les paupières en diagonale sur ses yeux encore plus battus que d'habitude, rame comme un galérien pour relativiser cet échec de plus pour son mandat et pour « sa » ville.

Pour être juste, nous nous devons de rappeler que quand les superviseurs suisses sont venus évaluer Marseille, la ville subissait de plein nez une grève des éboueurs et que l'un des inspecteurs helvètes s'était fait casser la voiture sur le Vieux-Port... Dans un discours pathétique le maire expliqua que la ville profiterait cependant de l'occasion pour défigurer son entrée de port en y implantant une marina destinée à accueillir les navires de course ou de haute plaisance (ce qui n'a heureusement pas été fait), et qu'il allait demander à « *Madame le maire de Valencia de nous rendre les chaînes du port de Marseille, emportées par les Aragonais-Catalans en 1423 et exposées dans la cathédrale de sa ville* ».

Dans la salle, le général Serge Guerre, auteur du rapport sur la sécurité, annexé à la candidature de Marseille, ne supporte plus. Sa colère froide transparaissant sur son visage, il résume bien la pensée de chacun après ce lamentable discours. Il dit à *mezza voce* mais assez fort pour que le maire entende : « *Ça aurait été Defferre, les chaînes lui ! Il serait allé les chercher !* ». Les Marseillais présents approuvent.

A noter que Rita Barberá Nolla, la caustique maire de Valencia, a immédiatement cédé à la demande du maire de Marseille en lui envoyant une photo dédicacée de l'une des deux chaînes suspendues aux murs de la cathédrale de sa ville…

(1) L'America's Cup est une régate qui se déroule tous les trois à quatre ans. C'est la plus ancienne compétition internationale après le championnat du monde de Jeu de Paume. La première régate eut lieu le 22 août 1851. L'origine en est un défi lancé par les Anglais aux Américains à l'occasion de l'Exposition Universelle de Londres. La goélette America remporta la régate devant 14 navires britanniques. Lorsque le vainqueur franchit la ligne, la reine Victoria s'enquit de savoir qui était le second : « il n'y a pas de second, Majesté ». Depuis cette date, la Coupe de l'America ne s'était plus jamais déroulée en Europe.

580 ans plus tôt, jour pour jour,
Marseille, 26 novembre 1423

200 cadavres entassés devant les ruines fumantes de ce qui fut l'Hôtel de Ville de Marseille attendent encore, les yeux exorbités par l'horreur de leur mort, qu'on veuille bien les enterrer.

Le jour se lève sur la ville anéantie, brûlée au dernier degré, où quelques survivants errent encore dans les ruines de la plus vieille ville de France qui vient de subir la mise à sac et au pillage de la part des troupes aragonaises et catalanes (1) d'Alphonse V le Magnanime (sic). Outre les archives de la ville, les objets précieux civils et religieux, l'or et la monnaie et les réserves alimentaires, les pillards ont emporté avec eux et déposé dans la cathédrale de Valencia (Valencia) les reliques de saint Louis d'Anjou et les chaînes qui barraient l'entrée du port de Marseille.

---

(1) À l'époque le royaume d'Aragon incluait la Catalogne.

Marseille, mercredi 26 novembre 2003, 22h40

Au stade vélodrome, Le Real de Madrid vient de s'imposer 2 à 1 contre l'OM éliminant ainsi le club phocéen de la compétition européenne de la Ligue des Champions.

Marseille, jeudi 27 novembre 2003

Le quotidien La Provence titre : « *ITER oui, America non, OM dommage* » et en page intérieure : « *Ameri… couac ! Et Olympi… claque* ». Car pour compenser ces tristes nouvelles (un malheur ne vient jamais seul !), la région, Cadarache plus précisément, vient d'hériter d'Iter, un « machin » à fusionner l'atome, dont les retombées économiques sont annoncées comme considérables mais dont les retombées nucléaires ne sont pas à exclure… L'autre pays en compétition pour accueillir ce réacteur expérimental était… l'Espagne. Score final donc de ces deux journées contemporaines mais néanmoins pourries : Espagne 2 – France 1 – Marseille 0…

Palais comtal, Brignoles (Var), vendredi 9 février 1274

« *MADAME VA AVOIR SON BEBE ! hurle marguerite sa servante, MADAME VA AVOIR SON BEBE !* »

Marie de Hongrie, comtesse de Provence vient effectivement de perdre les eaux. Au palais comtal, en plein cœur de la ville de Brignoles, on s'organise pour préparer son accouchement dans les meilleures conditions. Tous les nœuds du palais ont été défaits selon une coutume superstitieuse immémoriale afin que le cordon ombilical ne s'enroule pas autour du cou du bébé. Ses appartements sont fermés à clé et le médecin arrivé en toute urgence (au cas où !) a été installé au rez-de-chaussée où il ne pourra qu'entendre les échos de l'événement. En effet, aucun homme n'est admis lorsqu'une parturiente entame son travail de mise au monde. Cousines, domestiques et les deux meilleures matrones de Brignoles s'affairent. Le troisième enfant de Marie est par chance (pour son ménage), un garçon, son deuxième. Le premier cri du nourrisson ne laisse aucun doute sur le futur choix du prénom du prince : « *ououououiiiiiii !* »

Ce sera donc Louis !

Le premier mot de tous ceux qui se pencheront sur son berceau juste après sa naissance sera : « *qu'il est beau !* ».

Vieux-Port, Marseille,
vendredi 15 septembre 1944

Même si l'exagération est un attribut provençal, ce sont bien en l'occurrence des centaines de milliers de Marseillais qui sont venus écouter et voir le général de Gaulle s'adresser à la ville libérée de l'occupation allemande depuis à peine moins de trois semaines (le 28 août). Le général est debout sur un ponton flottant amarré au quai de la Fraternité (*), face à la Canebière.

L'emblématique avenue est pleine comme un œuf jusqu'aux Réformés (l'église Saint-Vincent-de-Paul). Le quai des Belges, celui du Port et le quai de Rive-Neuve sont littéralement pris d'assaut par la foule. Et la magie du verbe fait encore son effet : « *Marseille libre ! Marseille glorieuse ! Marseille qui sort de ses douleurs, qui apparaît dans sa fierté et se concentre sur son espérance. Voilà ce que vous êtes tous et toutes ici rassemblés, la très grande, la très noble, la très brave ville française* ». Une immense clameur jaillit de la foule qui s'enivre de bonheur et se saoule de fierté. « *Et si vous le voulez bien, nous allons entamer ensemble notre hymne national : la Marseillaise* ». Quel moment, quelle histoire, même si le général chante faux, il chante un hymne national qui ne s'intitule pas par hasard « La Marseillaise ».

Jean Guerre a hissé son fils qui n'est encore qu'un bébé afin qu'il puisse dire plus tard qu'il avait assisté à cet instant historique : « *Tu vois mon fils ! ça c'est l'homme qui a sauvé la France !* »

(*) Le quai de la Fraternité occupait autrefois l'actuel quai des Belges. C'est pour honorer le comportement héroïque du peuple et des soldats belges pendant la Première Guerre Mondiale que la ville a décidé d'attribuer le nom de quai des Belges à cette partie du port en 1915. Il a fallu attendre le 28 avril 2000 pour que la partie du quai des Belges côté mer, du quai du port au quai de Rive-Neuve, retrouve le nom de quai de la Fraternité. A noter qu'aucune plaque ni indication ne permet aujourd'hui de le savoir… Ce nom de quai de la Fraternité date du 8 janvier 1871 et a été attribué en l'honneur de la Troisième République. Auparavant la quai a porté les noms de quai des Augustins à cause du couvent tout proche et de l'église encore existante, de quai Rousseau sous la Révolution en l'honneur des écrits (et pas de la vie privée…) de Jean-Jacques Rousseau, de quai Impérial pendant le règne de Napoléon Ier, de quai Monsieur en 1814 en l'honneur du frère cadet du roi, de quai Napoléon au Second Empire…

Saint-Maximin (Var),
9 décembre 1279

La pioche vient de faire « ding ! ». Charles II d'Anjou vient de hurler « *SILENCE !* » et les ouvriers se figent dans la tranchée creusée autour du maître-autel de l'église paroissiale. Le futur roi de Naples et comte de Provence, neveu du roi Saint-Louis, mais qui n'est pour l'heure que prince de Salerne, se fraie un chemin dans les gravats en boitillant (d'où d'ailleurs son surnom de Charles le boiteux).

« *Dégagez-moi ça à la truelle, on y va doucement…* »

Petit à petit le sarcophage sort de terre.

« *On va lever l'entablement avec délicatesse. Attention à ne rien briser. Allez, doucement ! doucement ! On soulève ! On pose délicatement !* »

Charles observe l'extraordinaire tombeau d'albâtre dont on devine la fine ornementation même si la terre le recouvre en grande partie. Du sarcophage dont on vient de révéler l'intérieur émane une incroyable odeur de sainteté ! c'est du moins ainsi que l'on décrira plus tard la partie olfactive de ce moment historique : l'invention des reliques de sainte Marie-Madeleine. Charles prend son fils Louis dans ses bras, l'élève au-dessus de ses épaules et lui montre les os gisants dans le sarcophage.

« *Tu vois mon fils, ça c'est celle qui a embaumé le Christ et qui nous embaume encore aujourd'hui !* »

Une clameur monte de la foule qui s'est massée dans l'église à l'annonce de la découverte.

Louis fait bonne figure malgré la terreur que lui inspire le squelette. Il sourit. Il n'a que 5 ans. Son père vient de mettre à jour le troisième tombeau de la chrétienté (1).

(1) Dans l'ordre on classe en premier bien sûr l'éphémère tombeau du Christ à Jérusalem puis celui de saint Pierre à Rome. La Vierge n'a pas de tombeau sur terre (Assomption) et Jean a été enseveli dans son évangile.

Château de Valabre, Gardanne (13),
jeudi 13 février 2003

« *Bienvenue à l'École d'Application de la Sécurité Civile* ». Le planton lève la barrière avec un large sourire sans même demander ses papiers au général Guerre accompagné de sa femme et de son fils Mathieu qui gare sa voiture au parking du château de Valabre. Curieusement, au temps du sac de Marseille que nous avons déjà brièvement évoqué, au XVe siècle, le château existait sous forme de bastide et s'appelait Lavabre. Le nom est devenu Valabre par métathèse (déplacement de lettres à l'intérieur d'un mot comme formage est devenu fromage). D'ailleurs entre eux, Serge Guerre et ses amis disent toujours Lavabre au lieu de Valabre, laissant l'appellation actuelle dans la bouche des novices ou des non initiés. Après les cérémonies et les honneurs officiels, c'est aujourd'hui « le pot de départ » qui a été expressément voulu « pas guindé et sans protocole » dans la belle salle voûtée, les anciennes écuries.

« *Je lève mon verre à la santé du colonel Serge Guerre puisqu'il refuse qu'on « l'affuble » comme il dit du grade de général auquel il a été nommé à son départ en retraite. Je voudrais lui dire aujourd'hui la reconnaissance de tous ceux qu'il a formés et qui le lui prouvent aujourd'hui par leur présence* ». En effet, ils sont bien une centaine dans la salle de réception du château, les yeux brillants, champagne en coupe et d'une seule voix monte soudain le ban : « *Pour le colonel Guerre, hip, hip, hip…* ». Un immense hourra fait vibrer l'air de la salle.

« *Je passe la parole à celui qui à l'époque a été le formateur du colonel Guerre, lui-même formateur de nos meilleurs formateurs… le général Molié qui a tenu à interrompre sa retraite méritée pour être présent aujourd'hui… On le remercie* (applaudissements). « *Repos !* (rires dans la salle), *mes amis,* dit-il d'une voix largement chevrotante (mais le général venait de fêter ses 90 ans) *vous savez que j'ai toujours aimé versifier, car nous les militaires avec nos airs sévères, nous sommes si divers !* (à nouveau rires dans la salle). *Alors voici un petit poème que j'ai composé en l'honneur de Serge, avec la complicité du patron de notre école, si tu permets que je t'appelle par ton prénom et que je te tutoie comme notre amitié nous l'a toujours permis :*

Si nous sommes réunis, aujourd'hui à Valabre
Que nos amis et toi nous appelons Lavabre
(quelques sourires dans la salle)
C'est pour te souhaiter, général Serge Guerre
Une retraite active dans un pays sans guerre !

Tu sais si bien branler (1) un manche d'hélico
(rires gras)
Que je te vois très mal planter des haricots
(rires)
Et quant aux pissenlits sucés par la racine
Que ce soit le plus tard grâce à la médecine.
(ououououououh …)

Dans ta tenue orange, tu as conduit des bananes (2)

Tu es devenu notre as des flap-flap la girafe (3)
Ah ! pousser des bitards (4), limer (5) sur la savane
Et enfin te cuisser (6) à cent cinquante pafs (7) !
(tonnerre d'applaudissements).

Serge sourit à sa femme et à son fils avec un petit haussement de sourcil navré. L'humour militaire et l'argot aviateur n'était pas trop leur truc… Mais c'était fait sans malice et de bon cœur. Sans émotion excessive mais avec un petit pincement, il s'approche du micro sa coupe à la main, la lève et laisse le silence s'installer.

« *Mes amis ! vous ne pouvez pas imaginer ce que je ressens de vous savoir tous ici, à Lavabre* (larges sourires dans la salle) *et certains, je le sais, venus de si loin. Ce que nous avons vécu est derrière nous, l'intensité, la peur, l'action, l'émotion, la camaraderie, l'adrénaline, l'amitié, les choses de la vie quoi, de la paix et même pour certains d'entre nous, de la guerre…* » (Sourire général au jeu de mot patronymique). « *Je remercie le général Molié pour ses prouesses poétiques (rires) et je lève ma coupe à tous ceux qui vont continuer à œuvrer pour la collectivité, pour la sécurité et pour la paix. Vive la France !* »

Nda : les termes expliqués ci-dessous font effectivement partie de l'argot militaire autogyresque…
(1) Branler le manche : bien piloter. (2) « Banane volante » était le surnom des hélicoptères Piasecki H21 utilisés pendant la guerre d'Algérie, en raison de leur forme. (3) Flap-flap la girafe : surnom des hélicoptères. (4) Bitard : bouton. (5) Limer : sens propre : faire l'amour comme un acteur de documentaire animalier. Sens figuré : voler vite et très bas. (6) Cuisser : s'envoyer en l'air. (7) Paf : unité de vitesse, utilisé pour nœud.

Brignoles (Var),
samedi 9 février 1286

L'aube blanche pointe à travers les volets. Louis se lève brutalement comme s'il était pris en faute d'avoir bien dormi sur le sol. Il n'a pas quitté sa robe de bure. Il fait couler un peu d'eau de la cruche en terre cuite dans la cuvette d'étain et s'éclabousse le visage. Il sort du palais et se rend à la proche chapelle où l'attend son confesseur, François d'Apt, franciscain comme son prénom l'y prédestinait. Louis s'agenouille dans le confessionnal.

« *J'ai pêché !*

Louis serre jusqu'à la douleur dans sa paume sa précieuse relique : un morceau de la Vraie Croix, qui lui a été offerte par le roi de France, Saint-Louis, son grand oncle.

« *Quel pêché as-tu commis hier Louis ?*

– *J'ai peu prié hier soir, je me suis endormi sans m'en rendre compte.*

– *Dieu a entendu tes prières et t'a accordé ce repos. Tu n'as pas pêché Louis. Qu'as-tu d'autre à confesser ?*

– *Des pensées impures…* »

Aujourd'hui Louis a douze ans. Il a refusé qu'on lui souhaite son anniversaire. Il va assister à sa première messe à sept heures, puis il étudiera avec son précepteur. Cet après-midi, il compte se rendre au tout proche couvent de la Celle. Il fera ensuite pénitence et s'appliquera la discipline. Et, si Dieu veut, demain il ira rencontrer des malades et soulager des pauvres par des dons d'argent.

Chambre de Commerce, bureau du Président, Marseille, lundi 3 mars 2003

– Qu'est-ce que tu en penses ?

– J'en pense que les Suisses ayant gagné la coupe, ils vont choisir le plan d'eau d'Europe qui leur convient le mieux... Et comme ce sont des Suisses !

– Qu'est-ce que tu veux dire par là ?

– Je veux dire qu'ils prendront la ville où il y aura le plus de tunes à gagner. Et nous à Marseille je ne sais pas si on a quelque chance que ce soit.

– C'est quoi en gros les retombées de l'America's Cup ?

– Pour le pays qui la gagne et organise de ce fait la course chez lui c'est minimum un milliard d'euros et 25 000 emplois. Pour la ville qui organise seulement c'est environ deux cent millions d'euros et des milliers d'emplois.

– Où tu as eu ces infos ?

– C'est une étude confidentielle du groupe Allianz, sponsor du défi américain BMW Oracle Racing qu'un de leurs collaborateurs a eu la bonne idée de divulguer sur Internet.

– Oui mais tu sais sur Internet...

– Attend, c'est du béton, je l'ai fait recouper tout à l'heure par Thierry au siège français d'Allianz. Il m'a confirmé que les chiffres du rapport étaient exacts.

Château de Ciurana, Catalogne, Espagne, vendredi 12 février 1294

La lourde porte de bois grince jusqu'à l'extrême aigu et percute le dormant provoquant un énorme bruit sinistre propagé par l'écho dans les sous-sols du château. On entend très clairement les trois tours de clés dans chacune des deux serrures qui verrouillent la porte jusqu'au lendemain, quoi qu'il arrive. Ce qui fait la différence entre une villégiature et une captivité dans un château c'est la très mauvaise qualité de la nourriture, l'absence de chauffage et l'obscurité totale régnante dans les cellules sans ouverture. Mais ce sont surtout les chaînes qui pèsent (et le mot est faible). Si dans la journée Louis et ses co-détenus peuvent librement se déplacer à l'intérieur du château et même arpenter les alentours immédiats en revanche, la nuit, le régime carcéral de rigueur à l'époque est appliqué sans ménagement. Avant d'enfermer les prisonniers, le geôlier fixe la manille (un cercle de fer entourant la cheville) que portent perpétuellement les prisonniers, à la chaîne scellée au mur juste au dessus de la paillasse qui sert de lit. Pendant les dix heures que dure la nuit carcérale, impossible de s'éloigner du lit et pratiquement obligation de rester couché. Avec à chaque geste, le son obsédant du fer raclant le dallage de pierre.

Louis est retenu en otage. Le mot « otage » n'est pas galvaudé car c'est bien en cette qualité qu'il est gracieusement hébergé par l'administration aragonaise.

Tant de choses se sont passées depuis huit ans. D'abord son père, Charles II d'Anjou, a été fait prisonnier à Naples par les troupes de Pierre III d'Aragon le 5 juin 1284. Après quatre ans de captivité, un accord est intervenu prévoyant sa libération contre 50 000 marks d'argent, la livraison d'otages dont lui-même et deux de ses frères (Robert et Raymond Béranger), les fils aînés de soixante barons provençaux et vingt notables marseillais. Louis sera donc prisonnier en Catalogne pendant sept ans, soit de l'âge de quatorze à vingt-et-un ans (de 1288 à 1295). Il sera d'abord emprisonné au château de Moncade près de Valencia, puis, aujourd'hui, dans celui de Ciurana dans la province de Tarragone.

Jusqu'à présent, Louis était autorisé à rencontrer les deux théologiens franciscains qui présidaient à ses études mais il vient d'apprendre ce matin qu'ils ont été expulsés afin de durcir les conditions d'emprisonnement du jeune prince. Comme une mauvaise nouvelle arrive rarement seule, ce matin il a craché du sang et son geôlier ne s'y est pas trompé : « *tisi !* » (phtisie ou tuberculose en catalan).

Stade Vélodrome Marseille,
dimanche 9 mars 2003

L'OM reçoit le Paris Saint-Germain son ennemi intime. Mathieu Guerre, fils du colonel, est au stade avec ses deux grands amis : Louis Delongue et Dominique Orsoni. Tous trois sont abonnés à la tribune Jean Bouin. Les meilleures places du stade. Ce soir les virages sont en feu et leurs chants puissants donnent des frissons.

« *Ho Parisien*
On Va niquer ta mère !
Ho Parisien
On va tous vous tuer, Allez, Allez Marseillais !
On va tous vous tuer Allez ! »

Mathieu, Louis et Dominique sont déchaînés ce soir : « *C'est la guerre !* »

Les joueurs parisiens sortent du tunnel et pénètrent sur la pelouse sous les sifflets et les insultes

« *PSG c'est des pédés !*
« *Ce soir on vous met, ce soir on vous met le feu*
Ce soir on vous met, ce soir on vous met le feu
Ce soir on vous met, ce soir on vous met le feu… »

Derrière eux, un gosse mal élevé envoie des coups de pieds dans leurs dossiers. Après deux ou trois réprimandes aimables, Dominique (dit Doumé) se lève et s'adresse au père : « *Oh ! vous le calmez le gosse là maintenant* » ? Devant le ton de Doumé père et fils se calment …

Nos amis aussi se calment après la rouste de la soirée. 3 à 0 pour Paris !

Salle capitulaire, Hospice des Templiers, Barcelone, mardi 31 octobre 1295

Charles II attendait ce moment depuis si longtemps : serrer dans ses bras ses trois fils qu'il avait du remettre en otage aux Aragonais pour une année qui a été multipliée par sept pour des raisons géopolitiques aujourd'hui dénouées. Tous les quatre en sont aux larmes sans pudeur. Charles danse et tournoie avec ses fils se tenant par les bras et les épaules. Il en a oublié de boiter… Blanche, leur sœur, veut se jeter dans les bras de Louis. Celui-ci se fige et la tient à distance :

« *Mais je suis ta sœur !*

– *Oui, mais tu es femme et un serviteur de Dieu ne doit point les toucher !* »

Blanche se tait mais elle n'en pense pas moins. Demain elle épousera Jacques d'Aragon, ce qui a réglé le problème de la captivité des otages. Elle n'a aucun attrait pour cet homme. Elle se sacrifie pour la raison d'Etat. Elle préférerait nettement son frère Louis mais d'une part cela ne se fait pas et d'autre part, il est déjà marié… avec Dieu !

Dans un angle de la salle, un homme au manteau blanc portant la croix pattée rouge, observe la scène. Béranger de Cardona, commandeur de Masdèu (1), maître de province de l'ordre du Temple d'Aragon et de Catalogne, il est celui qui a mené les négociations entre les différentes parties. Il lui a fallu déployer des trésors de diplomatie pour aboutir à cet heureux dénouement dans une époque si troublée où les alliances basculent au gré d'un mariage ou d'une disgrâce.

---

(1) Masdèu est situé au Sud de Perpignan, pas loin de la frontière d'aujourd'hui, dans l'actuel Roussillon qui à l'époque changeait de main régulièrement entre la France, l'Aragon et le royaume de Majorque. Ce fut le lot de toutes les « zones tampons » d'Europe de connaître de fréquents « changements de propriétaire ». Autres exemples français : l'Alsace et le comté de Nice.

Bureau du maire, Marseille,
lundi 10 mars 2003, huit jours après la victoire d'Alinghi dans l'America's Cup

– Claude ! (Claude Bertrand, chef de cabinet de Jean-Claude Gaudin), tu vois qui pour coordonner la sécurité ?

– Serge Guerre sans hésitation. Tu vois qui c'est ? C'est le général qui veut qu'on continue à l'appeler colonel au motif que général « ça fait con ! ». Il est super formateur des formateurs de la sécurité civile, c'était un des meilleurs pilotes d'hélicos de l'armée de terre, il est Marseillais pur et dur et il vient de prendre sa retraite. Et puis je me suis laissé dire qu'il avait beaucoup servi pour … les services.

– DST ? DGSE ?

– Les deux mon colonel !

– Bon mais est-ce qu'il va accepter ?

Claude Bertrand appuya sur le bouton de l'interphone du maire : « Oui, c'est moi, Cathy, vous avez trouvé le numéro de portable du colonel Guerre ?

– Oui Monsieur.

– Vous me l'appelez s'il vous plait !

La sonnerie envahit le bureau par l'ampli de l'interphone

« Allo !

– Colonel bonjour c'est Claude Bertrand le chef de cabinet de Jean-Claude Gaudin, je peux vous parler une seconde ? Le maire vous entend.

– Affirmatif !

– Voilà, nous avons pensé à vous pour coordonner une mission sur la sécurité dans le cadre de la candidature de la ville à l'organisation de l'America's Cup…

– …

– Colonel !

– Oui, ben je débarque un peu, il faudrait que j'y réfléchisse, mais pourquoi pas ?

– Colonel, c'est Jeûan-Claude Gaudin qui vous parle, nous avons beûsoin de toutes les beûonnes volontés meûarseillaises pour gagner ce cheûallenge…

– (sourire dans la voix) Je commence quand ?

– Idéalement demain !

– Donnez-moi votre portable, je vous donne ma réponse demain.

« Tu crois qu'il va accepter

– Je fais le pari que oui !

Saint-Maximin (Var),
vendredi 18 novembre 1295

Une foule considérable s'est massée le long du chemin d'Aix pour réserver un accueil triomphal à Louis. Saint-Maximin est devenu un des grands chantiers du comté de Provence, on y construit la monumentale église qui abritera les reliques de sainte Marie-Madeleine. Des campagnes environnantes et des villages voisins, tous sont venus voir passer Louis d'Anjou, ce prince voyageant à dos de mule, aussi beau que pieux, touché par la grâce puisqu'il fait déjà des miracles et humble au point d'être vêtu de bure et de porter la tonsure comme un franciscain. Louis se souvient très bien du jour où tout petit (il y a seize ans et il n'avait que cinq ans), son père l'a porté sur ses épaules ici même pour lui montrer les reliques de la sainte.

La foule veut le toucher, lui parler. Il ne se refuse à personne malgré sa fatigue. Au moment où il va se recueillir devant le reliquaire de Marie-Madeleine, une femme se jette à ses pieds, les lui embrasse et commence à les frotter comme pour les laver avec ses longs cheveux blonds. Louis qui connaît bien ses classiques la relève et l'embrasse. Elle fait alors glisser sa bague d'aïe (1) qu'elle porte à l'annulaire et la lui tend. Louis la prend et l'assure du regard qu'il a compris le message.

Présentée devant la chasse de la patronne de la Provence la bague d'aïe deviendra « madaleneto » car bénie par la sainte.

(1) Le nom de bagues d'aïe (bago d'aï) vient du fait que très fragiles, car en verre, elles ne manquaient pas de se briser quand elles tombaient à terre provoquant un petit cri de dépit de la part de celle qui la portait. Elles se vendaient à la foire de Beaucaire et étaient fabriquées autour de Béziers.

Marseille, un appartement du quai du Port, samedi 15 mars 2003

– Tu es malade ou quoi ? l'Espagne ? Mais tu as toujours détesté l'Espagne. Pourquoi tu veux aller en Espagne ?

Le colonel Serge Guerre sourit. Effectivement il n'est pas un fanatique de la péninsule ibérique. Il déteste dans l'ordre, la corrida, le flamenco, le gaspacho, les castagnettes, les churros, Julio Iglesias, la sangria, les SEAT et Carmen de Bizet…

– Ben écoute, y a que les imbéciles qui changent pas d'avis et pourtant nous les militaires là-dessus on est champions, question psycho rigidité. Non ! c'est dans le cadre de ma mission pour la candidature de Marseille. La ville me demande d'aller passer quelques jours à Valencia pendant leurs fêtes pour évaluer leur niveau de sécurité civile et leur organisation policière. Et, chocolat sur le churro, on m'a demandé si tu voulais bien m'accompagner pour des raisons de discrétion. Un couple paraît toujours plus « normal » qu'un homme seul… même en civil !

– Quand je pense que je t'ai demandé cent fois d'aller à Barcelone, à Séville et que tu as toujours trouvé des prétextes pour ne pas y aller…

– Oui mais tu m'as jamais demandé d'aller à Valencia et tu dois admettre qu'on connaît très bien l'Italie ! allez Élise, fais les valises !

Mardi 1er octobre 1957, lycée Marseilleveyre

Serge Guerre, qui va fêter ses 14 ans dans quelques jours, fait sa rentrée scolaire au lycée Marseilleveyre. Il a du passer un examen et accepter de redoubler sa troisième car il venait d'un établissement privé, l'institution Mélizan, dont la réputation à cette époque était loin de friser l'excellence. C'est sa belle-mère, deuxième épouse de son père, qui a insisté pour lui faire quitter l'enseignement privé et lui permettre ainsi d'obtenir un meilleur niveau avec la perspective de faire plus tard des études supérieures.

Mélizan (on disait Mélo) se trouvait rue Jean Fiolle (rue Fortunée à l'époque), était une sorte d'école de rattrapage pour les fils de bourgeois cancres qui n'avaient pas pu être admis aux Jésuites (le must à Marseille encore aujourd'hui) et qui s'étaient même faits virer de l'enseignement public. Par exemple, la classe de sixième était « gérée » par un prof nommé Jean Colmon qui était sans dents, qui ressemblait à Popeye, qui fumait en classe et qui possédait une boîte à crachats sous son pupitre. Il logeait au dessus de la classe dans une chambre sordide qu'il avait surnommée « le sous-marin » en référence aux nombreuses infiltrations par temps de pluie. Mais par chance, il pleut rarement à Marseille…

Il avait mis au point une méthode de mise en compétition de la classe en la divisant en deux sections : la section Mermoz et la section Guynemer, deux héros de l'aviation.

Comment Serge qui était plutôt bon élève s'était-il retrouvé dans cette école ? Tout simplement parce que son père avait été mal conseillé. Et il fallut attendre la classe de troisième pour que la nouvelle épouse de son père prenne les choses en main et aide Serge à rentrer au lycée.

Elle avait fait un travail remarquable, le faisant travailler toute cette année de troisième pour préparer l'examen d'entrée au lycée. Il avait fallu en plus obtenir une dérogation car ce lycée se trouvait très loin du domicile des Guerre. A la Pointe-Rouge, en bord de mer.

Le résultat vint couronner ces efforts, Serge était admis à redoubler sa troisième au lycée Marseilleveyre. Alors que ce lycée est aujourd'hui rentré dans le rang des lycées ordinaires, il était à l'époque lycée pilote et un centre d'expérimentation de nouvelles méthodes pédagogiques qui avaient émergé au sortir de la guerre.

Alors que les groupes s'organisaient devant ces bâtiments modernes (pour l'époque) éparpillés dans l'immense parc où alternaient les buissons, les pins parasols et le canal de Marseille, Serge Guerre cherchait sa classe de 3e 1. Ce qu'il remarqua en premier lieu et qui lui fit une très forte impression, ce fut la présence de filles ! Ben oui ! le lycée était mixte et pour un garçon qui avait passé l'intégralité de sa scolarité dans un milieu exclusivement masculin, prêtres et curés compris (et vous m'avez compris !!!) c'était une révolution !

Oui mais ce que ni Serge ni son père, ni sa belle-mère n'avait pensé à lui dire, c'est que même si ce premier jour d'octobre sentait encore un peu l'été, venir en short en classe ne se faisait pas à Marseilleveyre. Il sentit tout de suite les regards moqueurs des filles et même si le lendemain il revint en pantalons, il allait devoir porter sur ses épaules (ses hanches en l'occurrence) cette erreur vestimentaire pendant toute sa scolarité.

Sa classe était composée de 21 filles et 8 garçons. Il repéra tout de suite Elise qui ne semblait pas du tout ressentir de son côté quoique ce soit pour « le nouveau en short »... C'était pourtant avec lui qu'elle se marierait plus tard, mais en ce 1er octobre 1957 qui aurait pu le prédire ?

Brignoles (Var),
lundi 19 août 1297

Dans sa chambre du palais des comtes de Provence, Louis est à l'agonie. La phtisie est au bord d'emporter sa vie. Le sang lui remonte de ses poumons ravagés, emplit son palais et trouble son élocution. Le notaire convoqué à la hâte, pourtant habitué aux prises de testaments, est ému aux larmes. Son clerc se tient debout devant l'écritoire, la plume à la main.

« Moi, Louis d'Anjou, prince de Salerne, évêque de Toulouse, sain d'esprit, sollicite humblement Hugues de Vins, sénéchal de Provence, que je désigne comme exécuteur testamentaire, que mon corps soit inhumé au couvent des frères mineurs de Marseille pour qu'il y repose. »

Au dehors, on entend la rumeur de la foule inquiète rassemblée sur la place. On s'attend à la funeste nouvelle d'un moment à l'autre. Celle-ci viendra aux premières heures de la nuit (1). Louis a vingt-trois ans.

---

1) Saint Louis d'Anjou (ou de Brignoles, ou de Toulouse, ou de Marseille) est célébré le 19 août à Brignoles, ville où il est né et où il a trouvé la mort par le hasard de ses tribulations (il était en route pour Rome). Ses voyages l'ont amené de Paris à Naples dont son père était roi. De Rome à Toulouse dont il fut l'évêque sans enthousiasme préférant l'humilité monastique. Mais aussi à Marseille, à Tarascon, à Barcelone où il reviendra dire qu'il pardonne aux Catalans et Aragonais, sa captivité. C'est en raison de son statut pendant cette période qu'il est le saint patron des otages et des prisonniers.

Valencia, Espagne,
lundi 17 mars 2003

Serge et Élise Guerre sortent péniblement de leur hôtel de la rue de la Paix, calle Paz en castillan et carrer Pau en valencien (1). Le trottoir est encombré par la foule qui regarde passer les cortèges cheminant vers la cathédrale. En costumes traditionnels, robe très ample et cheveux tirés, les tempes ornées de sortes de roues de cheveux, les femmes semblent avancer sur de l'air, en silence. En tout cas on n'entend pas leurs pas. Il faut dire que la fanfare qui accompagne chaque falla (quartier) étoufferait toute velléité sonore. Jouant pratiquement toutes la même musique, le fameux paso-doble « Valencia » dont les paroles moqueuses sont connues de toutes les générations de Français : « Valencia, les punaises sont à l'aise, les cafards dans les placards... ». Les femmes défilent par ordre croissant d'âge. Cela commence par les toutes petites dès qu'elles savent marcher en rang. Même les bébés sont du cortège, en poussettes, seul véritable anachronisme du défilé. Chacune porte un bouquet de fleurs, des œillets rouges ou blancs (ou roses) selon une planification rigoureuse. En effet ces fleurs sont destinées à habiller la Vierge représentée par une immense structure en bois haute de 10 mètres, où sont mis en place en flux tendu, les bouquets lancés aux placiers jusqu'à ce que la structure de bois disparaisse sous les fleurs. 200 000 falleros défilent ainsi dans la ville les deux jours précédant le 19 mars.

Élise accrochée à son bras contemple le fabuleux spectacle tandis que Serge... compte les policiers...

– Regarde Serge comme c'est beau ! Tu sais ça me donne envie de pleurer parce que ça à Marseille c'est impensable. On a perdu toutes nos traditions. Tu te rappelles à Arezzo quand on est arrivés, tous ces gens habillés en costumes Renaissance ? Chez nous c'est tout cassé ça ! Toute nos traditions balayées !

– Nous c'est la Révolution qui a supprimé toutes les fêtes religieuses... C'est vrai ! c'est très beau !

À minuit quand commencent les feux d'artifice dans toute la ville, dans les rues bondées de monde, Élise et Serge ont du mal à se frayer un chemin.

– Ça va nous faire triste Marseille au retour ! non ?

Le vin blanc de Pomedes aidant, ils rient mais ils savent déjà confusément que la coupe de l'America risque de préférer les nuits de fête valenciennes aux nuits marseillaises avec fermeture du métro à 21h...

---

(1) Le valencien est une variante dialectale du catalan, langue officielle avec le castillan, de la communauté valencienne.

Marseille, couvent des frères mineurs, mardi 27 août 1297, 11h30

L'immense cortège parti de Brignoles hier matin arrive enfin au couvent des Franciscains de Marseille (1) après une halte nocturne près d'Auriol. Les frères, dits mineurs, portant la robe de bure brune, se sont disposés en haies d'hommage de part et d'autre du chemin. Ils s'agenouillent lorsque passe devant eux le catafalque tiré par quatre chevaux. Le glas sonne au clocher du couvent et quelques gabians semblent n'avoir pas bien compris que leurs cris sonnant comme des rires n'étaient pas bienvenus. Cardinaux, seigneurs, bourgeois, paysans, prêtres, pénitents, villageois, ils sont des milliers à avoir formé cette longue procession. La nuit dernière, les flammes des flambeaux du cortège se rallumaient seules quand le vent les éteignait. Certains ont même vu Louis sortir de son cercueil et leur apparaître, en tenue d'évêque pour certains ou en tenue franciscaine pour d'autres. À présent, tous ont l'air triste et épuisé.

Discours, hommages, messes vont se succéder alors que la quasi totalité de la population marseillaise, la noblesse locale, le viguier, Raymond des Baux, se sont joints à la cérémonie. L'inhumation se fera dans une tombe creusée sous le maître-autel du couvent aux côtés de celle d'Hugues de Digne, prédicateur emblématique et exégète des règles de saint François, que l'église n'a pas canonisé sans doute à cause de ses constantes critiques sur le train de vie des prélats...

---

(1) Le couvent des Franciscains était situé à l'emplacement actuel des rues Tapis-Vert et Thubaneau, hors des remparts de l'époque.

Valencia,
mardi 18 mars 2003

Comme des milliers de Valenciens et de touristes, Élise et Serge attendent le tir de la « mascleta » (un feu d'artifice uniquement sonore), à 14 heures précises. Pendant une dizaine de minutes une incroyable pétarade à la limite du supportable soulève l'enthousiasme de la ville et lance une nouvelle après-midi de fête. Serge prend des photos mais entre les nuages explosifs blancs et marron, il vise surtout les hélicos de la police. Avec son Lumix et son zoom 20 fois il peut voir les appareils en détail, leur équipement et leur équipage.

– On va se faire une assiette de tapas ?

– Avec une coupe de cava (1) ! Olé !

---

(1) cava : vin blanc pétillant élaboré selon la méthode champenoise. Plusieurs appellations de cava se trouvent aux alentours de Valencia.

Place Saint-Sauveur
(aujourd'hui place de Lenche),
Marseille, mercredi 28 mars 1319

En cette journée printanière, on transpire au soleil sous les habits d'apparat. En effet, le Grand Conseil de la ville est réuni en séance publique en présence exceptionnelle du Conseil des Cent Chefs de Métier (1). Aucun bâtiment de la cité ne permettant d'abriter tant de monde, il a été décidé de monter à la hâte des tribunes en plein air sur cette place emblématique anciennement agora de la Massalia grecque puis forum de la Massilia romaine. Le podestat précédant les deux consuls qui l'assistent dans la gestion de la ville s'avance au milieu de la place entre les tribunes pleines à craquer. Avec sa pointe d'accent toscan (les podestats sont obligatoirement étrangers à la ville) Curzio dell' Umbria prend la parole dans un provençal presque parfait. Il annonce en résumé que Marseille va devenir en novembre prochain le centre du monde car les souverains de toutes les nations amies vont y venir assister à la translation (2) des reliques de saint Louis d'Anjou. « La présence de tout ce beau monde et de leur suite nous oblige de prévoir des demeures dignes de leur rang et à mettre en état la voirie afin que leurs déplacements ne souffrent d'aucun accident. Il nous faut aussi penser aux 2 000 à 2 500 chevaux prévus avec leurs équipages. Cela nous impose de prendre des mesures d'urgence afin de renforcer l'approvisionnement en eau des abreuvoirs et des fontaines de la ville. Messieurs les chefs de métier, la parole vous est donnée ».

Les maîtres de pierre présentent alors leur projet de prolonger le « canal des jardiniers » (3) qui est alimenté par une prise sur le Jarret, jusqu'à la basse ville. Cela permettra de créer un abreuvoir sur la place du marché aux porcs. Le devis présenté sera accepté le 2 avril et les travaux entamés sans désemparer.

---

(1) Le Conseil des Cent Chefs de Métier était une originalité marseillaise. Il était composé de cent membres élus pour un an parmi les membres des confréries des métiers.

(2) La translation est le déplacement des reliques d'un saint vers les différents lieux de son culte.

(3) On peut encore voir aujourd'hui des vestiges du tracé de ce canal : entre les numéros 6 et 8 de la place Brossolette et dans la rue Jussieu qui suit exactement le cours de l'ancien canal.

Valencia, mercredi 19 mars 2003

Élise et Serge entrent dans la cathédrale à nouveau accessible car pendant le passage des cortèges le bâtiment se trouve isolé du reste de la ville par la disposition des barrières de protection. Quatre euros la visite libre avec appareil audio en français. Pour une fois un système facile à utiliser. Un plan de la cathédrale est fourni avec un numéro par emplacement commenté. Il n'y a qu'à rentrer le numéro sur le clavier de l'appareil pour que le commentaire correspondant démarre. Dans la chapelle du Saint Calice, Serge appuie sur la touche 18. Il écoute le commentaire sur la coupe dans laquelle le Christ aurait bu au cours de la fameuse « Cène » la veille de sa crucifixion. Levant les yeux il voit les deux énormes chaînes suspendues chacune par trois crochets au mur. Elles pendouillent entre les attaches ce qui les rend un tantinet obscènes : « *Les chaînes suspendues aux murs de la chapelle sont celles du port de Marseille ramenées comme trophées par Alphonse V d'Aragon après sa victoire sur la ville ennemie.* »

– Élise, tu as entendu ça ?

– Quoi donc ?

– Les chaînes ! ce sont les nôtres !

– Attends, j'y suis, laisse-moi écouter

Tout en écoutant la voix dans ses écouteurs Élise regarde son mari ébahie puis balaie les deux pans de murs où pendent les chaînes. Serge mitraille mais son Lumix n'a pas un grand angle suffisant pour qu'il puisse envisager de prendre les deux chaînes sur la même photo.

– C'est incroyable, mais qu'est-ce que c'est cette histoire ?

– Gaudin en a parlé dans son discours c'est vrai mais j'avais pas fait le rapprochement. Alors voilà donc « nos chaînes ». Je crois qu'en plus ils ont les reliques de Saint-Louis.

– Le roi Saint-Louis ?

– Non, son neveu ou quelque chose comme ça, tu sais c'est le Louis du cours Saint-Louis.

Sur le plan des lieux commentés fourni avec l'audio nulle trace des reliques. Dans la boutique de la cathédrale, à la sortie de la chapelle du Saint-Calice, Serge achète le fascicule de la cathédrale en espagnol malheureusement car « *non habemos in frances señor !* »

Il repère la » capilla de San Luis de Anjou » et montre à Élise le texte en espérant qu'elle comprenne mieux que lui.

– Ici ils doivent dire Sane Louisse de Anrou !

Ils rient

Devant la chapelle abritant les reliques un panneau l'intitule « San Luis obispo » ce qui veut dire « saint Louis évêque ».

Marseille, couvent des frères mineurs, jeudi 8 novembre 1319

Depuis la mort de Louis il y a vingt-deux ans, et encore plus depuis sa canonisation il y a deux ans, Marseille est devenu un lieu de pèlerinage incontournable. Des milliers de pèlerins viennent de toute l'Europe prier devant le tombeau de celui qu'on appelle à présent « Louis de Marseille ». On lui demande de faire libérer des prisonniers, de guérir des malades ou de protéger les navires. Bien qu'à l'écart du chemin de Saint-Jacques de Compostelle à Rome, Marseille devient un « vaut le détour » des grands pèlerinages. De plus, l'invention récente des reliques de Marie-Madeleine à Saint-Maximin par le père de Louis met la région en très bonne position en matière de tourisme religieux.

Ce jour là, jamais Marseille n'a vu une telle brochette de notables internationaux rassemblés sur son territoire. Le roi Robert le Sage, comte de Provence, frère de Louis et en faveur de qui ce dernier renonça à la couronne qui lui était destinée. À ses côtés, son épouse, Sancia de Majorque. Le pape Jean XXII, le roi de France Philippe V le Long, la reine de France, Clémence de Hongrie, Jacques II roi d'Aragon et enfin, Sanche Ier roi de Majorque. Sans compter six cardinaux, des dizaines de représentants de la noblesse, tous les « people médiévaux » et des milliers d'anonymes.

La translation des reliques se déroule dans une atmosphère calme et recueillie à l'intérieur de l'église du couvent mais dans un climat d'hystérie collective à l'extérieur. Aujourd'hui on aurait dressé des écrans géants pour permettre à la foule de suivre la cérémonie. Au moment où l'officiant ouvre la chasse qui contient les reliques de Louis, le roi Robert prend le crâne de son frère dans ses mains et le hausse vers le ciel comme un calice. Puis il tombe à genoux et en pleurs, concluant par des mots incompréhensibles cet entracte shakespearien. Chacun veut toucher les os de Louis. Sa femme Sancia attrape un humérus et le serre contre sa poitrine. Le roi se penche à l'oreille de l'officiant pour lui signifier qu'il peut maintenant fermer la chasse sans le crâne et l'humérus qu'il garde par devers lui.

Le crâne du saint se retrouvera plus tard au couvent des soeurs de Sainte-Claire à Naples (dont Robert était roi). Les Clarisses en dégusteront la cervelle fossilisée à doses homéopathiques dissoutes dans leur tisane afin de se pénétrer de « l'esprit » du saint.

Le bras (l'humérus) se retrouvera quant à lui à Medina del Campo où naîtra un siècle plus tard un certain Alphonse V d'Aragon qui eut tout le loisir, enfant, d'admirer le reliquaire d'argent et de cristal de roche du saint provençal (aujourd'hui ce bras reliquaire est au musée du Louvre - aile

Richelieu, premier étage, section 03, vide car l'humérus a mystérieusement disparu)

Valencia, Restaurant « El Rall »,
mercredi 19 mars 2003

La serveuse italienne explique dans un bon français à Élise et Serge que plutôt que la paella un peu trop touristique ils devraient essayer un « arroz » (riz). Sur ses conseils, ils choisissent un « arroz a banda e verduras » (riz aux fruits de mer et légumes). Servi dans une poêle (à paella évidemment) le riz cuit dans une soupe de poisson accroche légèrement le fond de la poêle. C'est excellent et ils s'en lèchent les babines.

– Tu as vu le nom de la rue en face ?

Serge se tourne et constate l'énormité de la chose. La rue s'appelle « carrer de l'OM » (rue de l'orme en fait). Ils éclatent de rire. Le vin de Pomedès se boit très bien et ce sont deux tourtereaux aux bras l'un de l'autre, les yeux brillants, qui sortent du restaurant. Il est 22h30 et l'animation est à son comble dans les ruelles du quartier. Élise sent bien qu'on lui tire le bras mais là…

– Mais quoi ? Mon sac Serge, mon sac !

Elle hurle !

Le pétard lui éclate pratiquement dans l'oreille

Le temps que Serge se retourne, l'homme se fond dans la foule emportant le sac d'Élise. Elle est tombée et sa tête est venue percuter le bord du trottoir. Le sang se répand déjà, ses yeux chavirent, sa tête et son corps basculent. C'est un cauchemar. Le monde de Serge chavire…

Tandis qu'il prend Élise dans ses bras, les passants ont décroché leurs portables et les « *Ola policia...* » fusent. Quelques secondes seulement se passent avant que des sirènes se fassent entendre au milieu des explosions de pétards. Par dessus l'attroupement qui s'est formé on voit le reflet des gyrophares bleus et orange. Des portes de voiture claquent. Une patrouille accourt. Un policier municipal avec gilet fluo parle à toute allure dans son talkie. Une foule de gens entourent le couple en perdition. Élise souffre mais elle vit, elle pleure violemment, elle sanglote, elle hurle. « *J'entends plus rien, Serge, j'entends plus rien !* ».

Serge la prend dans ses bras quand l'ambulance surgit. Aidé par les policiers Élise est hissée à l'arrière du véhicule où Serge est invité à prendre place à ses côtés. Sirène hurlante l'ambulance se fraie un chemin tant bien que mal. Les policiers s'adressent à Serge

– Francès ?

– Si

– Mauros ? (arabes)

– Qué arabes, des espagnols comme toi !

– Senõr !

– Oui excusez-moi !

Dire que les heures suivantes furent pénibles serait bien au-dessous de la vérité.

Marseille,
samedi 15 juin 1420

– Papa, on dirait des chenilles !

Effectivement, les deux lourdes chaînes progressant lentement dans la rue Frucherie, portées à dos d'homme, ressemblent à deux énormes chenilles. Les tambours sont solennels et un peu lugubres : de grands coups espacés qui résonnent comme des coups de bombardes. Chacune des deux chaînes est constituée de 80 gros anneaux, mesure 14 mètres et pèse 560 kilos. Elles viennent d'être forgées dans un atelier de la rue Coutellerie et sont destinées à remplacer l'ancienne chaîne, rongée par la rouille, et de toute façon trop lourde à manoeuvrer car barrant l'entrée du port d'un seul tenant. Le nouveau dispositif permettra d'ouvrir et de fermer une seule des passes ou les deux, plus rapidement. Les deux chaînes seront scellées à une tourelle en maçonnerie construite au milieu de la passe et qui remplacera l'ancienne estacade, faite d'un faisceau de pieux en bois. Du côté Saint-Jean, l'autre extrémité de la chaîne nord viendra s'arrimer par un gros maillon et un cadenas à la tour Maubert (aujourd'hui tour Saint-Jean). Du côté sud, elle sera arrimée au quai devant la chapelle Saint-Nicolas.

En tête de la procession, la croix est portée par le frère Bertrand de la paroisse de Saint-Jaume.

Suivent l'évêque de Marseille et toute la nomenklatura religieuse. Derrière eux les drapeaux et emblèmes de la cité, le podestat, les deux consuls qui l'assistent et les Six de la guerre (1) en grande tenue et en armes. Ce sont eux qui ont pris la décision de changer la chaîne du port. Puis la confrérie de Saint-Eloy qui regroupe les professions de ferronniers, maréchaux-ferrants, orfèvres, couteliers, serruriers, arquebusiers, chaudronniers, potiers d'étain, fondeurs, aiguiseurs, taillandiers, lanterniers, selliers, bridiers, graveurs, horlogers (oui déjà !), lampistes, cloutiers, bourreliers, charrons, éperonniers, etc. En fin de cortège les pénitents blancs, puis les noirs, puis les gris, puis toutes les couleurs que pouvait prendre la bure à cette époque où Marseille détenait déjà le record mondial en nombre de confréries de pénitents !

La première bénédiction a lieu sur le parvis des Accoules et la seconde à Saint-Laurent. Une troisième cérémonie se déroule sur le quai de la Tourette en présence d'une délégation des Hospitaliers de Saint Jean de Jérusalem dont la commanderie est installée en ce lieu. Pendant que les porteurs qui viennent de se délivrer de leur charge se massent les épaules, le syndic de la confrérie de Saint-Eloy, l'orfèvre Joseph Billon prend la parole : « *Frères, amis, prions Dieu ensemble afin que ces chaînes nous protègent du malheur d'être envahis. Prions pour qu'elles ne soient jamais brisées par la proue d'un navire ennemi. Prions pour qu'elles ne laissent jamais entrer chez nous de nouveau la peste* (2). *Prions pour qu'elles symbolisent pour toujours les liens qui nous unissent.* »

Puis les chaînes furent mises en place et remplirent leur rôle jusqu'en l'année 1423…

---

(1) Les « Six de la guerre » formaient une commission en charge de la défense de la ville, composée de six membres, comme son nom l'indique. Chacun d'entre eux était tiré au sort dans son quartier (sixain) parmi ceux qui se présentaient pour remplir la fonction. Marseille était alors divisée en six sixains : Saint-Jean, la Draperie (autour de l'actuel Hôtel de Ville), les Accoules, Saint-Jaume (République), Saint-Martin (Belsunce) et la Calade (bas de la rue Paradis, opéra).

(2) Si on parle le plus souvent de la peste de 1720 à Marseille, la ville a subi d'autres épisodes épidémiques et notamment en 1347 avec la peste noire.

Valencia, hospital Universitario la Fe,
jeudi 20 mars 2003

Serge fait les cent pas dans la salle d'attente du bloc chirurgical. La porte s'ouvre et le docteur Oriantes sort, le calot vert encore sur le crâne. Il parle très bien le français avec un accent léger bien compréhensible.

– Colonel, je dois vous dire que c'est très grave. Votre femme a subi un gros traumatisme crânien et nous avons été obligé de la maintenir en coma artificiel pour préserver ses fonctions vitales.

– Elle est transportable ?

– Bien sûr, nous comprenons très bien que vous vouliez la transférer en France, mais nous devons organiser un transport médicalisé un peu compliqué.

Au large de Marseille,
samedi 20 novembre 1423

Antoine Belloi rame. Cela fait des jours qu'il rame sur cette galère. Et en plus il rame pour ces « canes Catalanos », ces chiens de Catalans qui l'ont capturé à Naples alors qu'il se battait contre eux, sous le drapeau du comte de Provence, Louis II d'Anjou. Les Aragonais ayant perdu beaucoup de galériens dans la bataille, se sont servis des ennemis capturés pour combler les rangées vides de la chiourme et c'est ainsi qu'Antoine s'est retrouvé là, enchaîné à ce rang de rame, entre deux turcs qui ne parlent pas sa langue, mais avec qui la solidarité des captifs s'est vite installée.

La côte qui défile devant ses yeux il la connaît très bien Antoine. Voici le cap Canaille qui annonce Cassis où il est né et où il a commencé sa vie de marin comme pécheur. Voici le cap Morgiou au détour des calanques et voici la plus belle baie du monde à ses yeux, la baie de Marseille où, jeune mousse pécheur, il fut recruté comme marin, puis comme officier à bord d'un navire de l'Ordre des Hospitaliers de Saint Jean de Jérusalem (devenu plus tard Ordre de Malte). À l'époque l'Ordre qui avait une commanderie à Marseille, sur le promontoire Saint-Jean, se chargeait de la police en Méditerranée et affrétait des navires peints en noir qui escortaient les chargements précieux ou bien coursaient les pirates mauresques. C'est d'ailleurs ainsi qu'il fut fait prisonnier pour la première fois (et hélas pour lui pas pour la dernière) par l'équipage d'un vaisseau de course tunisien, après un combat sans merci où son courage fut salué par ses ennemis. « *Il faut que tu sois brave puisque tu commandes ce vaisseau étant si jeune !* ». En raison de quoi il reçut un traitement de faveur non sans qu'on lui ait fait comprendre à quoi il réchappait. Car les huit premiers jours de sa captivité il fut enfermé à Porto Farine, au bagne de Matamore où les cachots en sous-sol ne reçoivent aucune lumière, où la chaleur empêche de respirer et où l'on ne peut se tenir assis sans toucher le plafond. Le tout dans une promiscuité épouvantable avec les autres captifs, les rats et la vermine. Au bagne de la Conception à Tunis en revanche, les conditions étaient plus supportables. Mais il y subissait des pressions incessantes pour lui faire abjurer sa religion et ainsi pouvoir l'enrôler en course contre les Chrétiens. Il répondait que rien ne pourrait le faire abandonner sa religion. Son geôlier inventa alors une méthode redoutablement perverse pour le faire plier : il lui apportait tous les vendredis un plat de viande bien chaud, finement préparé et dont l'odeur lui parvenait à travers les barreaux. « *Le vendredi où tu ne feras pas maigre cela signifiera que tu as abjuré ta religion et je te libérerai de ma puissance* ». Mais chaque fois son geôlier retrouvait le plateau intact. Antoine n'avait pas touché à la viande. C'est pourquoi il fut très surpris un vendredi de voir que le Chrétien avait dévoré le plat et laissé bien rangés au bord de l'assiette, quelques os parfaitement nettoyés. « *Tu as donc abjuré ta religion Chrétien ! Je tiendrai ma promesse, je vais te rendre ta liberté et t'échanger contre un des nôtres* ». Ainsi fut fait le 25 décembre 1422 où, Noël étant tombé un vendredi, Antoine n'avait rien abjuré ni trahi…

Après des péripéties si surprenantes que nous préférons ne pas les conter tant elles paraîtraient peu crédibles au lecteur, Antoine pût rentrer chez lui à Marseille où il fut logé par son patron : l'Ordre de Saint Jean de Jérusalem. Après quelques semaines de repos il fut enrôlé de force par les maîtres angevins de la Provence, dans l'équipage d'une des galères en partance pour Naples en vue d'y défaire les Aragonais. Mais comme nous l'avons rappelé auparavant, tel fut pris qui croyait prendre et c'est ainsi qu'Antoine passa du carrosse (logement des officiers) d'une galère marseillaise à un banc de rame d'une galère aragonaise.

Donc, Antoine Belloi rame… Il rame contre son gré mais de force pour Alphonse V d'Aragon, dit Alphonse le Magnanime ou le Grand, roi d'Aragon, de Valencia sous le nom d'Alphonse III, de Sardaigne sous le nom d'Alphonse II, de Majorque, de Sicile et de Naples sous le nom d'Alphonse Ier, et comte de Barcelone sous le nom d'Alphonse IV de Roussillon, et de Cerdagne sous le nom d'Alphonse Ier.

Alphonse le Magnanime n'a pas trop le bouchon à la rigolade ces derniers jours. Il s'est pris une bonne rouste à Naples où Louis III d'Anjou, maître de ce qui va devenir la France, avait emmené avec lui les galères marseillaises et tous les Marseillais en état de se battre. La ville n'avait donc plus que ses femmes, ses enfants, ses vieillards et ses impotents pour se défendre.

Alors, tel un chasseur rentrant bredouille d'une matinée grise qui tire sur un chat errant, l'Alphonse aragonais décide de se passer les nerfs sur la ville ennemie forcément affaiblie. Afin de limiter les risques que son attaque soit repoussée, ce qui aurait été une épine de plus dans son chemin de croix, il ruse... Il approche de nuit et envoie une partie de ses troupes débarquer sur la côte déserte qui portera plus tard le nom de plage des Catalans (mais pour des raisons plus pacifiques). Passant par dessus le Pharo, les Aragonais montent à bord des embarcations réformées qui pourrissent sur la rive neuve du Lacydon et s'en servent pour traverser et gagner la rive nord. Puis ils rompent l'attache de la chaîne du port et les galères n'ont plus qu'à accoster sur la rive habitée du Vieux-Port.

Les deux jours qui suivirent furent sans aucun doute les pires que la cité phocéenne eut à endurer. Jules César qui avait pris la ville après un long siège (49 av. J-C) lui avait épargné la mise à sac. D'ailleurs Alphonse le Magnanime s'était fait le look César pour la circonstance. Il adorait porter la couronne de laurier et simuler le port altier de l'empereur romain.

Valencia, hospital Universitario la Fe, lundi 24 mars 2003

L'hélico se pose sur le spot siglé d'un « H », juste devant l'hôpital, sur l'avenida Campanar. Serge qui a obtenu d'accompagner Élise tout au long du voyage se glisse dans le cockpit à côté du pilote. Le brancard médicalisé avec ses portants est calé sur le socle hospitalier de l'appareil et l'infirmier fait claquer les clips de sécurité. Serge jette un œil à Élise qui a l'air de dormir sereinement mais il sait bien qu'elle est en train de lutter pour sa survie.

« *Vamos !* »

L'hélico s'élève lentement, son avant semble plonger en s'inclinant et le sol défile sous les pieds de Serge. Ça lui fait drôle de ne pas tenir les commandes et de survoler une ville étrangère. Bientôt l'appareil se pose sur l'aéroport de Valencia, juste à côté du Falcon 2000 affrété par Europe Assistance avec qui Serge a négocié au mieux les conditions du voyage. L'infirmière et l'équipage se présentent en anglais et avec quelques mots de sympathie non feinte. Le transfert dans l'avion lui aussi médicalisé ne prend que quelques minutes. Le copilote a laissé sa place à Serge qui s'assoit dans le cockpit à droite du commandant. Ce dernier, en bout de piste, après l'accord de la tour, pousse la manette des gaz et les trois tonnes de poussée font leur effet. Le nez se lève gracieusement et l'avion prend de l'altitude.

En moins d'une heure le Falcon amorce son virage sur la baie de Marseille et Serge peut voir le Vieux-Port, il distingue même leur immeuble et les souvenirs lui montent aux yeux. La descente sur Marignane et l'atterrissage en douceur. C'est en hélico que se fait le dernier trajet jusqu'au spot de la Timone où Élise est transférée dans le service de réanimation du professeur D'Arve.

Marseille,
mardi 23 novembre 1423

On ne saura jamais combien de Marseillais ont péri dans ce massacre. Chaque maison fut pillée, vidée de ses habitants, les enfants comme les vieillards furent tués sauvagement et les femmes bien sûr, violées selon une tradition très vivace à cette époque. Ni les moines, ni les religieuses, ni les malades ne furent épargnés. Enfin un monstrueux incendie, déclenché par l'envahisseur, ne prit fin que par le miracle d'une pluie inespérée.

À la nuit tombée, la galère d'Antoine fut gagnée par les flammes si bien qu'on déferra (1) les rameurs, pas tant pour leur rendre leur liberté mais pour qu'ils participent à la lutte contre le feu, à grands coups de seaux d'eau du Lacydon. Mais rien n'y fit et la galère finit dans un embrasement spectaculaire comme une falla valencienne (voir plus loin mais n'en disons pas plus pour l'instant).

Au milieu des ruines fumantes se dressait seule rescapée du désastre la tour des Accoules dont la cloche « Sauveterre » sonnait encore son glas de détresse. Qui pouvait encore faire sonner la cloche ? Antoine s'approcha prudemment quand il vit soudain sortir par la poterne de la tour le roi Alphonse V lui-même suivi de sa garde. N'en croyant pas ses yeux, Antoine s'assura qu'il n'y avait plus de soldats aux environs et pénétra dans la tour. Il monta l'escalier en bois à claire-voie et comprit vite pourquoi la cloche sonnait toujours. En effet, trois corps désarticulés de pénitents noirs étaient attachés à la corde de la cloche et en actionnaient le battant par leur balancement. Cinq femmes en larmes, à genoux, se tenaient par les épaules. Elles virent arriver Antoine avec frayeur mais l'une d'entre elles le reconnut car il fut son voisin pendant le court laps de temps qu'il passa à terre :

– C'est un Marseillais, je le connais

– Que vous a dit le roi ? Pourquoi vous a-t-il laissé la vie sauve ?

– Il nous a dit qu'il ne voulait pas de mal aux femmes mais que ses hommes ayant passé deux mois en mer, il n'avait pas pu les retenir… Il nous a donné ce coffret dans lequel il rend aux femmes de la ville une partie des bijoux volés par ses troupes. Il nous a donné aussi de la nourriture et de l'eau.

---

(1) : l'expression « déferrer » est encore employée de nos jours pour traduire un prisonnier devant le juge. On le déferre. C'est à dire on lui enlève ses chaînes.

Marseille,
lundi 24 mars 2003, 19h

Serge est rentré chez lui. Le professeur d'Arve l'a assuré qu'il ferait tout pour la ramener mais il ne lui a pas caché que c'était une chance sur dix, pour ne pas lui dire en fait brutalement qu'elle était condamnée. Mathieu son fils, accompagné de sa copine Florence, est venu passer la soirée avec lui mais rien ne peut lui faire desserrer les dents.

Claude Bertrand l'a appelé sur son portable à l'instant, il voulait savoir comment s'était passé le rapatriement de sa femme. Il lui confirme sa confiance et celle du maire. Serge répond de manière évasive. Il n'est pas en état de prendre quelque décision que ce soit.

Marseille,
mercredi 24 novembre 1423

Antoine a passé la nuit dans la tour des Accoules et a partagé la nourriture que le roi d'Aragon avait donnée aux femmes rescapées. Et puis il a dormi d'un sommeil évidemment très agité. Au matin quand le jour fit son apparition, Antoine monta au sommet de la tour.

Il aperçut un peu plus bas des soldats aragonais autour d'une maison encore debout. Soudain quatre soldats portant ce qui ressemblait à un coffre sortirent en courant de la maison. Il put reconnaître aussi le roi qui sortit de la demeure en dernier, tenant par le col un homme dont il pressentit qu'il était le propriétaire des lieux. L'homme fut jeté à terre et un soldat lui planta sa dague dans le corps. L'homme hurla et sa tête vacilla. Ne pouvant supporter cela, Antoine descendit quatre à quatre les escaliers de la tour. Il parvint jusqu'à l'homme agonisant et mit sa main sous sa tête. Le Marseillais ouvrit les yeux et parla faiblement :

– Les Franciscains avaient caché les reliques de saint Louis dans ma cave car ils savaient que les troupes aragonaises voulaient s'en emparer. Mais quelqu'un a parlé et a trahi ce secret. À présent ils nous ont tout pris… »

Après un denier râle, l'homme succomba à sa blessure.

Antoine remonta sur la tour afin d'avoir une vue générale de la situation.

Les galères aragonaises quittaient le port. En tête, la galère royale. Accrochées à sa figure de proue, les chaînes du port. À son bord les reliques de saint Louis d'Anjou, le trésor de la ville et ses archives.

« *Chiens de Catalans !* »

Soudain un brouhaha en bas de la tour fit sursauter Antoine et les femmes rescapées. C'étaient des soldats aixois de la troupe rassemblée par le vicomte de Reillanne qui venaient au secours de la cité martyrisée (un peu tard certes, mais l'intention de la ville rivale fut tout de même bien appréciée). Ils venaient d'arrêter un « mascarat » un de ces habitants des villages voisins qui, profitant de la bataille, s'était mâchuré le visage de noir pour finir le travail des Catalans. Antoine lui crache au visage, regarde le ciel et se dit qu'il n'allait plus y croire…

Marseille,
mardi 25 mars 2003, 10h

Bien qu'il n'ait pas dormi de la nuit et qu'il ait du affronter plusieurs cauchemars épouvantables, aujourd'hui Serge cale des rendez-vous avec les services de sécurité de Marseille concernés par l'organisation de la Cup. Avec les Marins-Pompiers, le contact est facile et rapide, il connaît personnellement le « frégaton » (capitaine de frégate) en poste. Rendez-vous est pris. Avec la police municipale et l'adjoint à la sécurité là aussi les contacts sont rapidement pris et un rétro-planning se met en place sans obstacle. Évidemment avec la police nationale c'est un peu plus compliqué car à ce niveau déjà, les supérieurs hiérarchiques doivent garder un œil sur Paris quand ils ont Marseille en charge. Mais les premières approches se passent plutôt bien. Quant au préfet de police, Serge a fait une exception à sa règle, il s'est présenté comme le « général Guerre ». En fait, le seul vrai problème c'est l'appréciation d'une éventuelle tentative terroriste qui prendrait la Cup pour symbole d'une action violente et brutale. Il est bien certain que dans cette hypothèse il serait très difficile de prévoir d'où viendrait et où frapperait exactement le coup.

En plus de la douleur de savoir Élise en train de partir pour toujours, Serge tourne en rond dans l'appartement. Il rumine des idées noires et se répète inlassablement dans sa tête cette phrase : « *C'est quoi cette histoire ?* ».

Il sort prendre l'air. Au bas de la Canebière il rencontre Guy, un compagnon d'armes avec qui ils ont vécu quelques moments assez chauds.

– Comment ça va mon vieux ?

Serge raconte tout depuis le début à Guy qui lui témoigne son amitié :

– Tu sais que tu peux compter sur moi quoiqu'il arrive. Et n'hésite pas, je suis à la retraite, j'ai tout mon temps. Même si tu veux aller enquêter là-bas, j'y ai quelques amis qui nous ont aidé pour l'affaire des Basques.

Guy faisait allusion à une opération secrète à laquelle il avait participé sous les ordres de Serge. Il s'agissait de trouver les caches d'armes d'un réseau de Basques qui utilisaient la France comme position de repli et de stockage de leurs explosifs. À l'époque les services français collaboraient avec les services espagnols pour les aider à lutter contre les attentats de ces groupes armés.

Elise mourut la nuit suivante.

Marseille cimetière Saint-Pierre,
lundi 31 mars 2003, 10h

La cérémonie a eu lieu dans le funérarium du cimetière qui s'est révélé trop exigu pour accueillir tous ceux qui sont venus rendre un dernier hommage à Elise Guerre. Le diacre fait son homélie selon un cadre rhétorique soigneusement rodé depuis des années. Il a demandé deux ou trois détails sur feu son épouse à Serge, ce qui lui permet de faire croire à l'assistance qu'il la connaissait intimement auparavant. Mais c'est bien fait, sans en rajouter de trop. Les kleenex ne viennent que péniblement à bout des reniflements et des sanglots.

Le convoi remonte l'allée des Negondos où se trouvent les mausolées des grandes familles marseillaises. Et c'est le plan de la ville qui défile des deux côtés de l'allée : les tombes Sakakini, Olive, Turcat, Pastré, Estrangin, Clot-Bey, etc. Le convoi prend à gauche l'allée des Vernis du Japon et s'arrête devant le caveau de la famille Guerre dont la dalle a été ouverte par les employés de la société de pompes funèbres.

Le moment le plus difficile de l'enterrement d'un proche n'est pas toujours la disparition du cercueil dans la fosse mais l'incontournable rang d'oignons des condoléances. Le plus impressionnant c'est le bataillon des collègues d'armes de son père.

Mathieu en a embrassé au moins soixante-dix. Avec cette pudeur virile qui les caractérisent, ces soldats ont tous un mot parfois simple ou banal mais éminemment sincère. Mathieu n'en peut plus. Il se tourne pour pleurer.

Jean-Claude Gaudin qui n'aime pas trop les cimetières est tout de même venu serrer la main de Serge.

– Vous comptez continuer la mission que nous vous avons confiée, mon gén... euh mon colonel ?

– Monsieur le maire, comme je l'ai déjà dit à Claude Bertrand, je ne suis pas en état de vous répondre à cet instant. Il faut que je réfléchisse, laissez-moi quarante-huit heures et je vous dirai

– Oui, je comprends très bien que, vu les circonstances. Allez, je dois y aller et encore toutes mes condoléances !

Le maire remonte dans sa C6 qui l'emporte à tombeau ouvert (sic) vers la sortie du cimetière.

Et c'est la traditionnelle collation d'après obsèques. L'armée a accueilli Serge et sa famille au mess des officiers du fort Saint-Nicolas. On boit, on parle, on pleure et puis quelqu'un rappelle un souvenir insolite et un rire fuse, puis deux puis trois et on se trouve à réfréner le fou-rire nerveux qui s'empare des proches. Rien que de très classique.

La soirée se termine dans l'appartement du Vieux-Port avec les alcools forts. Serge a besoin de parler malgré son habituelle discrétion. Car parler n'est jamais très bien vu dans certains services de l'État… Il en est aux chaînes du port de Marseille suspendues aux murs de la cathédrale de Valencia quand le père Gérard Petit, aumônier des armées et grand ami de Serge, prend la parole.

– Mes amis, ce que vous ne savez peut-être pas c'est que cette histoire de chaînes n'était qu'une vexation de plus contre les Marseillais. Non, en réalité, Alphonse V voulait avant tout voler les reliques de saint Louis d'Anjou. Leur réputation miraculeuse était si connue que les gens venaient de toute l'Europe pour obtenir une guérison. Le roi pensait que le fait d'avoir ces reliques à Valencia allait provoquer un afflux de pèlerins vers la cathédrale et par là même promouvoir le tourisme cultuel (oui je dis bien CULTUEL et non pas culturel) de sa capitale. Mais ce que vous ne savez pas c'est qu'en 1956, l'archevêque de Valencia Monseigneur Olazchea Loizago et l'archevêque de Marseille Monseigneur Delay trouvèrent un compromis : deux vertèbres du saint furent ramenées à Marseille et placées dans l'église des Augustins (ou église Saint-Férréol) le dimanche 19 août 1956. D'ailleurs je pourrais vous montrer demain le reliquaire qui les contenait…

– Comment ça « qui les contenait » ?

– En 1993 des voleurs apparemment très bien renseignés sur la valeur symbolique des reliques ont ouvert la vitre du reliquaire, pris les vertèbres et soigneusement refermé la vitre si bien qu'il a fallu du temps pour s'en apercevoir.

– Et alors, on a retrouvé les voleurs ?

– Non ils courent toujours et le plus curieux c'est qu'on ne retrouve aucune trace de ce vol ni au diocèse et ni dans la presse. Dans le temps, on appelait ces vols qui étaient légion des « furta sacra ».

Délibération du Conseil Municipal de Marseille du 4 septembre 1820

« Le Conseil Municipal de la Ville de Marseille, extraordinairement convoqué par Monsieur le Maire, s'est réuni à l'Hôtel de Ville, dans la salle ordinaire de ses séances, pour y délibérer sur les affaires renvoyées à leur examen par le Préfet.

L'Assemblée formée, Monsieur de Raymond, premier adjoint, remplissant en son absence, les fonctions de Maire, président, a ouvert la séance. »

.../...

« Monsieur le Maire met sous les yeux de l'Assemblée la lettre que lui a écrite de Vinsobre, le 10 août dernier, le sieur Sigaud, canonnier du corps royal de la Marine, lequel propose d'enlever les deux rochers qui existent à l'entrée du port, entre le fort Saint-Jean et la citadelle Saint-Nicolas.

Ouï la lecture de cette lettre,

Considérant que la proposition du sieur Sigaud n'est appuyée d'aucun plan et ne présente aucun développement nécessaire pour établir la possibilité de son exécution.

Le Conseil est d'avis qu'en l'état il n'y a pas lieu à délibérer sur la proposition du sieur Sigaud. »

A noter que les deux rochers ont finalement été arasés à cette époque bien qu'aucune délibération municipale n'en fasse autre mention selon nos recherches. Il faut par ailleurs savoir qu'il existe une délibération du Conseil Municipal Central de la Ville de Marseille du 8 Nivôse, An VI (28 décembre 1797) nommant un nouveau gardien de la chaîne, ce qui atteste que le port était fermé par ladite chaîne jusqu'à la fin du XVIIIe siècle.

Marseille, mardi 1er avril 2003

Serge Guerre ne faisait plus la gueule ! il avait la gueule… de bois. La sonnerie de l'interphone le tire du sommeil.

– Oui !

– C'est moi papa.

Mathieu Guerre regarde son père défait et déchiré par l'overdose de la veille d'alcool de poire et de mirabelle dont les cadavres de verre encombrent encore la table basse. Bien que leur origine paysanne de distillation clandestine assurent une pureté du produit, il n'empêche qu'à 48° ça tire les cheveux par en dessous…

– Qu'est-ce que tu comptes faire pour maman ?

– Comment ça « qu'est-ce que je compte faire » ?

– Ben pour la venger…

– Tu es malade ou quoi, la venger de qui

– Mais de ces enculés qui l'ont tué

– …

– Papa ! moi je vais y aller à Valencia, je vais les retrouver ces salauds et je vais leur faire la peau.

– Calme-toi oh ! oh, attend, assied-toi

Serge n'avait jamais vu son fils ainsi. C'est vrai que pour un père un enfant reste toujours un enfant (avec la prononciation de Raimu dans la trilogie « un ninfent »)…

– Alors tu vas aller à Valencia et tu vas faire quoi pour les retrouver ?

– …

– Hein ?

– Je sais pas mais je verrai sur place

– Ecoute-moi, tu vas te mettre sur le dos la police qui te laissera pas faire un mouvement là-bas. C'est une affaire très ennuyeuse pour eux. S'ils retrouvent les coupables je pense qu'ils les feront condamner mais je suis pas sûr qu'ils vont mettre toute leur énergie dans cette affaire. Tu sais tant que l'America's Cup n'est pas attribué, les villes candidates vont essayer de pas trop se faire remarquer par ce genre de sale affaire.

– Tu crois que Marseille peut l'avoir la Cup ?

– Tu rigoles ou quoi ? Avec la CGT tu auras pas un Suisse qui mettra un franc chez nous

– Comment ça la CGT ?

– Imagine que la CGT soit en conflit grave avec le port comme ça arrive souvent. Ils prennent en otage la Cup, empêchent les courses de se dérouler et c'est la catastrophe financière, c'est le bock mondial.

– Alors pourquoi tu as accepté ta mission en sachant qu'il n'y avait aucune chance ?

– Parce que je me suis dit que je pourrais peut-être trouver à Valencia un inconvénient pire que la CGT pour les organisateurs. Mais tu me fais dire des choses là alors qu'on vient d'enterrer ta mère.

– Papa, je pense à un truc que tu as dit hier soir : les chaînes, si on allait les leur piquer pour couler leur candidature

– …

– Tu te rends compte PPDA ouvrant le journal de 20 heures : « Où se trouvent aujourd'hui les chaînes du port de Marseille ? En tout cas ce qui est sûr, c'est qu'elles ne sont plus suspendues sur les murs de la cathédrale de Valencia où elles narguaient la cité phocéenne depuis huit siècles. »

– Je vois pas en quoi ça coulerait leur candidature. Je pense plutôt que ça coulerait définitivement la nôtre ! Maintenant tu vas me faire une promesse !

– …

– De ne pas mettre les pieds à Valencia avant que l'America's Cup ait été attribuée. Il reste une toute petite chance pour Marseille et il n'est pas question de la gâcher.

– Et après ?

Serge a décidément trop bu. Ses yeux se voilent, ses lèvres tremblent :

– Et après ? Et après ? On verra demain. Allez rentre, il faut que je dorme.

Maillane,
jeudi 23 mai 1907

Lettre de Frédéric Mistral à Teodoro Llórente, félibre valencien

Mon cher ami,

Celui qui fut mon parrain quand je fus reçu à l'Académie de Marseille, le bâtonnier Ludovic Legré, me demande d'intercéder en sa faveur auprès de vous pour une démarche un peu délicate. Vous savez que les chaînes du port de Marseille ont été ramenées dans votre ville par Alphonse V d'Aragon et qu'elles sont depuis 1423 suspendues dans la cathédrale de votre noble ville. Après bientôt 500 ans, aujourd'hui que l'amitié a remplacé les haines d'autrefois, ne serait-il pas temps de restituer ses biens à mes chers amis marseillais ? Voyez, sans voir trop d'insistance dans ma requête, si une discussion à ce propos pourrait être envisagée. Dans tous les cas croyez, cher ami, que je vous garderai à jamais mon affection et mon admiration

Mille amitiés, cher ami, et tout à vous

Valencia,
mardi 2 juillet 1907

Lettre de Teodoro Llórente au « Sr. D. Frederic Mistral » en réponse à sa requête.

Ilustre poeta y querido amigo,
Illustre poète et cher ami,

La restitution à Marseille des chaînes de son vieux port se présente à moi sous un côté sympathique, car, entendu que je suis amoureux et un admirateur du midi français, il me serait agréable, que, par cette restitution se resserrassent les liens qui l'unissent à notre Espagne et spécialement aux régions de Catalogne et de Valencia.

De plus, je professe une enthousiaste admiration et amitié pour vous et pour votre œuvre et il me plairait beaucoup de satisfaire à l'un de vos désirs. Par malheur je ne vois aucun moyen pour cela !

Les Valenciens nous sommes accoutumés á voir ces trophées de nos vieilles gloires dans l'antique salle capitulaire de notre cathédrale : elles y ont acquis un caractère sacré, et il nous serait pénible de les voir disparaître de cet endroit.

Ne croyez en cela je vous prie, aucune animosité á l'égard de votre illustre et glorieuse nation, à laquelle tant de liens nous attachent : c'est un souvenir de ce que fut le royaume de Valencia, aujourd'hui enclavé dans la nationalité espagnole,

D'un autre côté, l'Espagne regrette beaucoup les

joyaux artistiques dont l'invasion napoléonienne la dépouilla, et certes, ses réclamations renaîtraient si on traitait de cette restitution et cela compliquerait encore la question.

Ni la municipalité, ni l'autorité ecclésiastique de Valencia ne peuvent disposer des chaînes de Marseille. Celles-ci provenant du butin de guerre du roi Alphonse V, qui les donna en dépôt a la cathédrale de Valencia ; il faudra donc demander au pouvoir central, si on se décidait a réclamer la restitution,

Vous avez certainement compris les difficultés de l'affaire, ainsi que me l'indiquent les termes très prudents de votre lettre.

Recuerdos afectuosos de mi familia para usted y para madame Mistral, y soy de usted amigo discretísimo y agradecido.

Souvenirs affectueux de ma famille pour vous et pour Madame Mistral, et je demeure votre ami discret et obligé.

Teodoro Llórente.

Madrid, Stade Santiago Bernabeu,
mardi 16 septembre 2003

« Aïe, aïe, aïe ! »

La soirée tourne au cauchemar. L'OM est en phase de qualification de la Champion's League dans le groupe F avec comme adversaires le Partizan de Belgrade, le FC Porto et surtout, hélas, le Real de Madrid.

Mathieu, Louis et Doumé ont fait le voyage dans la 206 de Louis. Marseille Madrid 1 111 km exactement en 11heures 11 minutes, exactement… La fatigue va bien avec la victoire mais pas avec la défaite. Le score de 4 à 2 pour les Madrilènes était logique mais trop dur à avaler.

Les trois amis quittent le stade et vont rejoindre le parking pour trouver les quatre pneus de la voiture à plat, manifestement crevés volontairement. La plaque d'immatriculation « 13 » a fait son boulot !

Nuit dans un hôtel sordide. Dans les romans de gare les hôtels sont souvent sordides et dans le quartier du stade Bernabeu de Madrid, aussi ! Il aura fallu passer une partie de la matinée à faire remorquer la voiture, subir les remarques du pneumatiste qui, par chance, était un supporter de l'Atletico (et donc un ennemi du Réal), payer la facture salée et se retrouver sur le chemin du retour avec quatre beaux pneus neufs.

– Et si on faisait un détour par Valencia ?

– Tu veux aller voir les chaînes, hein ?

– Oui, j'ai promis à mon père de pas y aller mais là, avec le coup des pneus, on est obligés ! non ?
– Obligés oui ! on est obligés d'y aller

360 km d'*autopista* (autoroute à péage espagnole) plus tard, les trois amis rentrent dans Valencia…

Valencia,
mercredi 17 septembre 2003

La voiture au garage, une chambre à deux lits et un single à l'hôtel Venecia en plein centre de Valencia, sur la plaza del Ayuntamiento. Le charme de la ville fait son effet et au fil des rues, le trio se dirige vers la cathédrale.

Les chaînes de Marseille sont là comme le lui avait décrites son père. Mathieu les touche, les caresse, elles sont à portée de main. Il n'en faudrait pas beaucoup pour partir avec. Il faudrait juste qu'elles soient un peu plus légères. Louis a sorti un petit mètre dont il ne se sépare jamais :

– 80 maillons de 18 cm, ça fait près de 15 m et j'estime le poids d'un maillon à environ 7 kg. Donc dans les 560 kg au total. C'est jouable !

– Il faut être combien pour les soulever ?

– On va pas les soulever, on va les enlever !

– Qu'est-ce tu veux dire ?

– Allons boire un pot dehors, je vous explique…

À peine installés à une terrasse de la place Reina devant la cathédrale, le portable de Mathieu émet sa mélodie : Sambre et Meuse !

– C'est mon père ! allo !

– Qu'est-ce que tu fais à Valencia je croyais que tu avais une seule parole !

– Mais comment tu sais que je suis à Valencia ?

– Parce que je te signale que si on m'a donné les deux étoiles de général c'est parce qu'habituellement je suis payé pour tout savoir. Bon juste une chose, NE TOUCHEZ PAS AUX CHAÎNES, OK ?

– OK papa, je t'expliquerai, on s'est fait crever les pneus à Madrid alors ça nous a pris de venir ici faire un genre de… repérage ! mais t'inquiète, on n'a pas l'intention de les ramener dans la 206 de Louis…

Marseille,
26 novembre 2003

Rappelons (voir pages 18/19) que ce jour là l'America's Cup était attribuée à Valencia et que ce même jour, ô sort fatal ! l'OM se prenait 2 à 1 au Vélodrome au match retour contre le Real de Madrid qui avait gagné par 4 à 2 à l'aller. Autant dire une journée à faire un autodafé des œuvres de Cervantès, à crever les yeux de Picasso et à interdire la consommation de la paella…

Marseille OM Café,
mercredi 26 novembre 2003

– Putain deux à un contre ces connauds d'espingouins, fait chier ! Et à la maison, faut le faire !

– Quand tu penses qu'y a un mec qui a payé un billet au marché noir 700 euros pour la tribune Ganay !

L'OM vient de perdre effectivement sur ce score le match retour contre le Real de Madrid au stade vélodrome lors de cette journée de ligue des champions. Attablé devant sa bière, Mathieu Guerre résume l'état moral des troupes de son club de supporters qui, nous le rappelons, est composé de trois membres…

– Tu sais que l'année prochaine si on joue l'UEFA, on a de grandes chances de voir le FC Valencia au vélodrome ?

– Et alors ?

– Et alors je te signale que ma mère a été agressée à Valencia et qu'elle en est morte.

– Pardon excuse-moi Mathieu. J'avais pas fait le rapport

– Putain mais vous lisez pas les journaux ? Ils nous ont soufflé l'America's Cup ce matin.

– Ah ouais ! tu as vu Gaudin ? Putain il a pris en pleine gueule au « and the winner is »…

– Eh ben j'ai pensé à un truc que m'a raconté mon père. Les chaînes du port de Marseille…

Et Mathieu entraîné par les mousses qui se

succèdent aux commandes de chacun des trois ne voulant pas paraître en reste de dettes, raconte toute l'histoire. À la table à côté le silence se fait à mesure que Mathieu s'enflamme dans son récit. La décision fut alors solennellement prise ce soir là, par les trois amis la chope à la main : « on » allait ramener « nos » chaînes. De la table voisine, André Marcarian, supporter marseillais bien connu pour sa passion (et ses moyens financiers) se lève, brandit sa coupe de champagne et hurle *« et moi, André Marcarian, je prête ici serment devant tout le monde que si ces jeunes ramènent les chaînes que ces salauds d'Espagnols nous ont volé, je leur offre 50 000 euros »*. Dans l'OM Café c'est du délire : *« Les chaînes ! les chaînes ! les chaînes ! »*

Marseille le Bistro Romain,
place Thiars, dimanche 30 novembre 2003

Mathieu et Serge Guerre sont en train de se gaver de carpaccio « à volonté ». Serge a pris carpaccio de saumon et Mathieu, carpaccio de bœuf. Cela leur permet d'alterner à chaque fois que la serveuse effondrée repasse pour leur demander : « je vous ressers » ? Jamais ils n'auraient osé s'empiffrer autant s'il y avait eu Elise à leur table.

– Alors, tu vas toujours chercher tes chaînes à Valencia avec tes deux couillons d'amis ? J'aurais jamais pensé qu'ils puissent être aussi couillons que toi !

– Tu verras quand on les aura ramené.

– Parce que tu vas vraiment le faire ?

– Ben oui papa, on est en train de travailler au plan

– Et c'est pour quand ?

– Pour mars 2004, pendant les fêtes des Fallas.

– Je pense que c'est une énorme connerie et que tu vas finir tes jours dans un cachot de la prison de Valencia.

– Tu sais pourquoi la prison de Valencia est la meilleure prison du monde ?

– Euh non !

– Parce que Valencia est la capitale des oranges…

Serge sourit.

– Papa on va avoir besoin de toi maintenant que

tu es en congé d'America's Cup !

– Besoin de moi pour quoi faire ?

– Pour la logistique et pour piloter l'hélico

– Ah tu y as pensé ?

– Ben oui, comment tu veux qu'on sorte les chaînes ? Par la porte c'est pas possible. En plus j'ai vu sur Internet que les deux derniers soirs ils tirent d'énormes feux d'artifice. On profitera du bordel et de la confusion.

Leurs assiettes sont vides. Serge appelle la serveuse du regard et fait un petit geste circulaire indiquant très clairement que deux assiettes de carpaccio sont attendues table numéro 12…

– Et vous pouvez nous remettre une bouteille de cet excellent vin espagnol ! Alors on en était où ? J'ai compris ce que tu veux faire, mais comment tu les ramènes tes chaînes ?

– Là aussi, on va avoir besoin de toi !

Frontière Syrie-Liban,
4 mai 1988

Le Panther est en vol stationnaire au-dessus du désert. Au sol, arrêté au bord d'une piste rudimentaire, un 4x4 est entouré de quatre hommes armés de Kalachnikov le canon en l'air. Serge Guerre aux commandes de l'hélico prend le micro du porte-voix extérieur et s'adresse aux hommes au sol :

– Baissez les armes ! *Lower the guns ! OK and now* les armes au sol ! *The guns on the ground,* on se grouille ! *Faster,* plus vite…

Les hommes au sol s'exécutent mollement

– OK ils veulent jouer aux cons…

Serge fait faire un demi tour au Panther, pique du nez et commence à faire un premier cercle au dessus du véhicule au sol. Soudain il pile l'appareil lui impose une rotation de 180°, libère la protection de tir sur son manche et fait feu. Les obus de 20 mm déchirent le sol de la piste. Un peu plus de zèle se manifeste chez les hommes au sol.

– Alors maintenant on va procéder à la manoeuvre ! OK ?

Guy et Max s'affairent dans le cockpit et fixent la mallette contenant la rançon au treuil.

– OK Serge, tu peux y aller.

La mallette descend lentement et se pose à 100 mètres du 4x4. Guy actionne la manette qui libère le colis. Les hommes se précipitent. Le Panther pivote et les a maintenant dans sa ligne de mire.

L'un des hommes au sol se saisit de la mallette, l'ouvre, découvre les dollars, la referme et soulève son pouce un large sourire aux lèvres.

Le Panther décroche brutalement et se dirige vers Beyrouth.

– Zappi, ici la banque, les biftons sont livrés

– OK, bien reçu, pas d'anicroches ?

– Tout nickel ! comme dab !

Deux heures plus tard ce 4 mai 1988, l'AFP annonçait la libération de Marcel Carton, Marcel Fontaine et Jean-Paul Kauffmann, après 1 138 jours de captivité pour les deux premiers, et 1 077 jours de captivité pour le troisième.

Quatre jours plus tard, le 8 mai 1988, François Mitterrand était réélu à la présidence de la République avec 54% des voix contre 46% à Jacques Chirac. Officiellement aucune rançon n'avait été versée pour obtenir la libération des otages…

Sur les hauteurs de Cassis, route de la Bédoule, dimanche 7 décembre 2003

Guy et son tablier humoristique retourne les merguez et les côtelettes sur son barbecue. Max sirote son pastis affalé sur son pliant. Guy veuf comme Serge mais depuis dix ans et Max célibataire endurci. Aucune présence féminine à l'horizon.

– Alors tu me dis que le petit y veut aller chercher les chaînes du port de Marseille qui sont suspendues aux murs de la cathédrale de Valencia !

Max rajoute :

– Tout seul ça va être dur !

Serge crache son noyau d'olive tel César dans la trilogie :

– D'abord il est pas seul, il est avec deux copains à lui mais je peux pas le laisser faire ça ! vous vous rendez compte un peu des risques. Pour lui mais en plus il risque de porter définitivement atteinte à mon image. Vous voyez la une de la Provence : « le fils de l'ancien chef de la sécurité du projet America's Cup arrêté pour complicité de vol en Espagne »... Pas possible.

Max jubile :

– On viendra te rendre visite !

– Oui je sais te fatigue pas, mon fils m'a déjà fait le coup des oranges.

– Tu sais Serge, ton fils il a eu une bonne idée je pense parce qu'il est pas idiot. Il sait bien que tu vas pas le lâcher sur ce coup... Peut-être même qu'il se doute qu'on est en train de parler de lui ! et puis tu sais s'il faut lui donner un petit coup de main !

– Max a raison tu peux pas savoir ce que je me fais chier à la retraite !

– Oui je sais mais là on entre dans la délinquance les gars !

– Ah oui ! on rentre dans la délinquance ! et si on nous avait pris en train de filer la rançon aux ravisseurs en 88 tu crois qu'on n'y aurait pas été dans la délinquance ? Regarde Marchiani...

– Oui mais Marchiani il a touché...

– Et nous on l'a pas touché l'argent ?

– Guy je t'arrête tu sais bien et Max aussi qu'on pas pris un seul dollar dans la mallette !

– Parce qu'on est trop cons !

Le téléphone de Serge tintinnabule

– Allo !

Serge cache de sa main le micro du téléphone et à voix basse :

– Té c'est lui. Oui mon fils qu'est-ce qui se passe ? Tu veux me voir ? Pourquoi si vite ? Ah OK, avec tes copains ? et ben écoute passez à la maison ce soir on cassera une croûte ensemble. Je t'embrasse moi aussi.

Serge raccroche :

– C'est dingue mais c'est juste une coïncidence.

– Mais non , c'est le destin. C'est le fatum Serge. C'est le fatum qui a fait sonner le téléphone c'est un signe... Allez Serge, on va l'aider à les ramener ses chaînes, ton petit !

Le rosé du domaine du Paternel (A.O.C. Cassis) aidant, l'après-midi se passe dans les rires et les évocations du bon vieux temps. Seul manquent les sourires des amis disparus et surtout celui d'Elise.

Marseille, quai du port,
appartement de Serge Guerre,
dimanche 7 décembre 2003

– Papa, on a besoin de toi pour monter le coup des chaînes !

Dans le salon ouvrant largement sur le Vieux-Port de Marseille, Mathieu, Louis et Doumé ne lâchent pas du regard Serge Guerre.

– Bon alors écoutez-moi, des coups tordus dans ma vie j'en ai fait, mais maintenant c'est fini. Je suis à la retraite, (s'adressant à Mathieu) on a perdu maman et j'ai besoin de calme et de repos. Voilà.

– Ecoute papa, on te demande pas de venir avec nous on a besoin que tu nous aides à monter une opération commando professionnelle.

– Qui de vous trois sait piloter un hélico ? Vous êtes inconscients mes petits ! en plus vous imaginez que ce putain d'hélico il va soulever 600 kg de ferraille comme ça…

– Comment tu sais combien elles pèsent ? En fait elles pèsent un peu moins, 560 seulement.

– Parce que je les ai vu tes chaînes, à Valencia et tu sais le regard du pro c'est ça, la déformation professionnelle. Dès que tu vois un truc tu le pèses, tu le soupèses, tu pèses le pour et le contre, tu l'évalues, tu te dis comment je vais procéder ? Tu le tâtes, tu le touches, tu le bades, tu le calcules et puis vlan ! L'aiguille se met en face du poids et tu as le résultat ! Bon allez, on y va, première leçon

le week-end prochain, on s'installe chez Guy à Cassis et on passe deux jours à faire les plans. On a une semaine pour rassembler toute la documentation dont on va avoir besoin. Au boulot !
– On va vous les ramener vos putains de chaînes !

Un cri de joie fait résonner les murs de la résidence

Sur les hauteurs de Cassis, route de la Bédoule, dimanche 14 décembre 2003

Guy a bien fait les choses. Au sous-sol de sa villa, dans une pièce aménagée en salle de conférence, trône un paper-board à côté du bureau, un grand écran au mur du fond, un vidéo-projecteur au plafond et quelques chaises et tables comme une véritable salle de briefing. Max est au premier rang et pilote le PC portable qui va générer les images, Guy est debout au fond, hilare, et Serge essaie son pointeur au laser sur l'écran.

– Guy et Max ont bien bossé, ils ont passé la semaine à Valencia et ont fait un reportage photo vidéo complet qui va nous permettre d'élaborer en détail le plan d'attaque. Je vous signale pour la petite histoire qu'ils ont vécu en faux couple pour ne pas laisser de traces sur les caméras de vidéo-surveillance des Espagnols.

Mathieu et ses deux amis éclatent de rire…

– Un couple homo ou hétéro ?

Alors que tout le monde rit, Guy fait des gestes comme pour faire réduire la vitesse d'un véhicule :

– C'est Max qui s'est mis en femme… Enfin en femme, en vieille folle… J'avais tellement honte qu'on a mangé dans la chambre.

– Et vous aviez pris un grand lit ?

Les rires s'amplifient :

– Non pas jusque là, lits jumeaux

Serge reprend la main :

– Ils se sont transformé le visage, ont présenté des faux papiers et ont payé en carte Visa au nom d'une compagnie de réalisation de films.

Mathieu : mais comment vous avez fait pour créer une boîte en trois jours ?

Serge : tu sais il y a dans ce pays des faussaires officiels qui font des faux plus vrais que les vrais... Et ils savent rendre service aux anciens des services !

Mathieu : tu veux nous faire croire que tu as pu monter une boîte et obtenir une carte visa en trois jours ?

Serge : Non la boîte elle est virtuelle, elle n'existe pas mais elle existera au registre du commerce quand on en aura besoin. Sauf qu'elle sera une coquille vide qui nous permet d'avoir une carte visa et une raison sociale crédible. Et surtout vous savez à quoi ça sert d'avoir une société de production audiovisuelle ? À louer des hélicos pour faire des vues aériennes par exemple...

Mathieu, Louis et Doumé sont bouche bée...

Trois mois plus tard, Madrid,
jeudi 11 mars 2004

Attentats de Madrid du 11 mars 2004
http://fr.wikipedia.org/wiki/Attentats_%C3%A0_Madrid_du_11_mars_2004

« Les attentats qui ont touché Madrid le jeudi 11 mars 2004 ont été condamnés par la communauté internationale comme un acte terroriste. Plusieurs explosions de bombes, posées par des islamistes marocains, se sont produites dans des « cercanías » (trains de banlieue) à Madrid le matin du 11 mars 2004, exactement deux années et demie après le 11 septembre 2001 ou 911 jours (911 jours et 19 heures en considérant la durée de temps exprimée en heures séparant les deux évènements survenus dans le temps UTC). Près de 200 personnes ont péri et 1 400 ont été blessées, faisant de ces attaques l'attentat le plus important survenu en Europe depuis l'explosion de Lockerbie le 21 décembre 1988, qui avait tué 270 personnes. Sur treize bombes utilisées, dix ont explosé. Cet attentat surpasse de loin l'attentat du groupe terroriste basque ETA dans un supermarché de Barcelone en 1987, qui tua vingt et un civils et était, jusqu'au 11 mars, l'attentat le plus meurtrier commis sur le sol espagnol. »

Marseille, appartement de Serge Guerre, quai du Port, jeudi 11 mars 2004, 18h40

Toute l'équipe est réunie dans le salon, autour de la table basse garnie de biscuits d'apéritifs et boissons diverses.

« C'est ennuyeux, je sais, mais on ne peut plus reculer. Serge a pris la parole et tous les regards sont bien sûr concentrés sur lui. Si on remet ça, on ne le fera plus, c'est clair. Maintenant il faut savoir aussi que la sécurité va prendre un tour de vis mais que la piste est islamique. Ce qui veut dire que les touristes français ne devraient pas être inquiétés. Maintenant il faut voir ce que vont dire les autorités de Valencia. À mon avis les attentats n'auront aucune influence sur le déroulé des Fallas. Plus de police sur la place de l'Ayuntamiento pendant la mise à feu des statues géantes ça veut dire moins de police autour de la cathédrale… De toutes façons nous avons un plan béton, il ne devrait pas y avoir d'os. A propos d'os, Mathieu ! on est bien d'accord qu'on y touche pas… Oui tu sais très bien ce que je veux dire, vous avez parlé avec tes copains de ramener aussi les reliques de saint Louis…

– Non mais t'inquiètes papa, on en a parlé tous les trois, on pense aussi que ça risque de nous plomber l'opération. Et puis je vais te dire, les reliques c'est pas qu'on s'en fout mais c'est la chaîne qui est la vedette, pas un sac d'os.

Alcublas, jeudi 18 mars 2004
(à une heure de voiture au Nord-Ouest de Valencia)

Depuis la terrasse de la maison de Juanito, la longue piste de l'aéroport désaffecté se devine sous la végétation qui l'a envahi. Alcublas fut pendant la guerre civile une importante base des forces aéronautiques républicaines. La maison a été fournie par Juanito, retraité des services spéciaux espagnols et avec qui le colonel Guerre a traqué les opposants autonomistes basques. Juanito a dit qu'il ne voulait rien savoir des raisons de leur séjour et que d'ailleurs, il allait en profiter pour aller voir sa sœur installée en Argentine, le pays peuplé d'Italiens qui parlent espagnol et veulent se faire passer pour des Anglais…

Hier, Marilyne, la « copine » de Mathieu qui est devenue blonde aux cheveux longs pour les besoins de l'opération, les a rejoint. Malgré l'opposition de Serge de la mettre au courant de quoi que ce soit, Mathieu lui avait tout raconté… Il a été donc décidé de la mettre dans le coup et de l'utiliser pour la phase finale. Dans le salon meublé style renaissance espagnole version mauvais goût lourd et faussement rustique, les sept marseillais sont autour de la table garnie d'un petit déjeuner royal. Maria qui a été « prêtée » avec la maison, fait le service. Le colonel s'adresse à la tablée :

– Bon, vous savez tous ce que vous avez à faire, le compte à rebours part à neuf heures ce matin, excusez-moi pour le cliché mais on règle nos montres. Guy !

– Huit heures douze minutes trente secondes au top… Top !

Chacun farfouille son bracelet-montre.

– Bon les jeunes, ça va ? La forme ?

Evidement, face à l'assurance des trois vieux routiers, Mathieu, Marilyne, Louis et Doumé ne la ramènent pas. Dire qu'ils sont un peu noués, les yeux perdus dans leurs tasses de café, ne serait pas exagéré.

– Papa ! pourquoi on s'est installé ici à une heure de route de Valencia ?

– Parce que par chance, c'est là qu'habite Juanito... Bon tu devrais te préparer, je te rappelle que tu as un programme chargé aujourd'hui avec Marilyne.

Valencia, place de l'Ayuntamiento,
jeudi 18 mars 2004, 14 heures

Mathieu barbu, moustachu (il s'est laissé pousser ces attributs depuis la décision de passer à l'action), les cheveux longs noués par un catogan tient la main de Marilyne quand les premiers pétards explosent. La *mascleta* quotidienne pendant les Fallas a commencé. Quinze minutes de feux d'artifice sans rien à voir. Une attraction sonore. Mais quelle sonorité. Il est d'ailleurs conseillé de ne pas s'approcher à plus de 50 mètres du pas de tir au centre de la place pour préserver ses facultés auditives. Mathieu mitraille avec le téléobjectif de son Lumix les deux hélicoptères qui survolent la ville.

Une fumée persiste autour de la place quand enfin le silence relatif de la ville est revenu. Mathieu et Marilyne s'installent en terrasse et commandent un café. Mathieu sort la carte SD de son Lumix et l'insère dans le lecteur de son Mac portable discrètement afin que personne ne puisse voir son écran, il nomme les meilleurs clichés sous Bridge et les expédie dans l'adresse mail anonyme de son père. Ce qui permettra à Serge et Guy de savoir si l'hélicoptère chargé de la surveillance de la ville est le même qu'au précédent repérage. Il s'agit effectivement d'un Augusta 109 baptisé Jaume en Espagne, muni d'une caméra télécommandée sous la carlingue et pouvant filmer à 360 degrés. Normalement le zoom de cette caméra permet de voir un visage et éventuellement s'il est fiché, de l'identifier. C'est pourquoi Mathieu a déclenché son Lumix quand l'objectif de la caméra était orienté ailleurs. Il a demandé à Marilyne de ne pas lever les yeux pour éviter d'être filmés.

Le deuxième hélicoptère est un BO 105 affrété par une chaîne de télévision qui ne présente aucun danger pour l'équipe.

Valencia, place de la Reina,
devant la cathédrale, jeudi 18 mars 2004, 16h

Mathieu et Marilyne n'en croient pas leurs yeux, la Virgen de los Desamparados (la Vierge des désemparés ou indigents) est à moitié couverte de fleurs ordonnancées selon la couleur des bouquets pour figurer un motif encore inachevé. L'armature composée de caillebotis de bois permet de caler les dizaines de milliers de bouquets d'oeillets jusqu'à une hauteur de 10 mètres sur une surface de 105 m2. Pendant deux jours, des dizaines de milliers de bouquets d'oeillets rouges et blancs sont offerts par les processions de falleras de tous âges, pour couvrir le manteau de la statue de la vierge patronne de la ville.

Autour d'eux les deux processions qui ont traversé la ville, chacune avec son propre itinéraire, sont prêtes à faire leur jonction à la plaza de la Virgen après avoir encerclé la cathédrale. En habit traditionnel, chaque quartier défile avec ses femmes portant la petite roue de cheveux sur le côté de la tête. Les poussettes des gamins et des bébés font partie de la procession. Les hommes y sont minoritaires, sauf dans les fanfares qui jouent toutes et de manière immuable « Valencia » (les punaises sont à l'aise, les cafards dans les placards). L'ensemble processionnel a un côté irréel dû surtout au fait que les jupes couvrent les jambes des femmes et qu'on a l'impression qu'elles glissent au-dessus du sol, sans aucun bruit.

Valencia, cathédrale,
vendredi 19 mars 2004, 18h50

Mathieu et Doumé admirent les chaînes du port de Marseille dans la chapelle du Saint Calice de la cathédrale. En bons faux touristes ils prennent quelques photos. L'une des chaînes est sur le mur de gauche, orienté au Nord-Ouest et l'autre sur le mur en face orienté Nord-Est. C'est celle-là qui les intéresse… Rapidement Mathieu ouvre le panneau qui se trouve sur le flanc de l'orgue, Doumé s'y engouffre, Mathieu le suit et remet le panneau en place. La chapelle est vide, personne n'a pu voir la manœuvre. Les portes vont se fermer à 19h laissant Mathieu et Doumé seuls dans leur cachette.

Ils mettent en place leurs oreillettes et déclenchent un appel sur le bouton du talkye.
– Essai de micro M7 !
– Bien reçu M5
Afin de ne pas utiliser de prénoms chacun a reçu un identifiant M numéroté de 1 pour Serge, à 7 pour Marilyne.

Les pas du sacristain faisant sa ronde pour s'assurer qu'il n'y a plus personne dans la cathédrale résonnent fortement. Doumé boit une gorgée d'eau et sort de sa planque. Il n'ont que quelques minutes avant que le sacristain n'enclenche l'alarme. Doumé allume sa lampe frontale et sort de son sac à dos son petit grappin. Il le lance sur le capteur d'alarme. Le fil de nylon se déroule pour suivre la course du grappin et à la quatrième tentative le capteur est pris dans les griffes. Doumé tire un bon coup sec et reçoit l'objet dans ses mains. Il ouvre la coque arrière et casse les deux contacteurs métalliques qui déclenchent l'alarme quand ils se touchent. Mis à terre, le capteur n'alertera plus personne. Mathieu branche le projecteur sur mini-pied qu'il avait dans son sac et éclaire la paroi Nord-Est de la chapelle où est exposée l'une des deux chaînes. À présent ils commencent à y placer les pitons qui leur permettront d'escalader le mur.

Valencia,
vendredi 19 mars 2004, 19h25

Louis gare soigneusement le Jumper blanc dans la rue el Camp de Turia qui donne un peu plus loin sur le Palais des Congrès. C'est lui qui a été chargé de la conduite de l'utilitaire disposant d'une charge utile de deux tonnes. Louis gagne le tout proche Hilton et monte rejoindre la chambre 1611 au 16e étage. Il tape à la porte. Marilyne lui ouvre. Ils ont loué la chambre sous le faux nom de Monsieur et Madame Santorro.

Déjà le hall c'était pas mal mais là, Louis est bluffé par le luxe de la chambre. À 150 € la nuit en période de Fallas c'est donné ! et en plus, la direction a accepté de leur donner une chambre d'angle... à l'angle qui les intéressait. Elle offre en effet à travers deux immenses baies vitrées allant du sol au plafond, une vue panoramique parfaite sur le Palais des Congrès et sur l'avenue Les Cortes Valencianes, l'un des principaux axes Nord-Sud de la ville. Marilyne sur le lit et Louis sur le canapé se plongent dans les passionnantes séries diffusées par la télé espagnole. Il faut reconnaître que « Sous le soleil » en espagnol sur la chaîne Cosmopolitan TV España, ça vaut son pesant de castagnettes !

Valencia, cathédrale,
vendredi 19 mars 2004, 21h45

Les pitons sont maintenant en place et les deux cordes bien arrimées sous l'oculus. Les quatre petites charges de plastic ont été soigneusement disposées de part et d'autre de l'ouverture en vitrail et les quatre détonateurs télécommandés enclenchés. Mathieu et Doumé viennent de finir de démonter un des tuyaux de l'orgue et sont entrain de le caler sous l'extrémité de la chaîne qui se décolle du mur.

À présent il leur reste trois heures à attendre avant que les feux d'artifice éclatent partout dans la ville et que l'hélico arrive au dessus de l'oculus.

Valencia, héliport de la police,
samedi 20 mars 2004, 0h10

De son parking, au volant de la C5, Max observe l'Augusta 109 de la police qui vient de se poser à quelques mètres de lui pour ravitailler. Il devrait redécoller dès le plein fait pour survoler la ville pendant les feux d'artifices et les grandes crémations des *fallas* aux alentours de une heure du matin. Le pilote, son co-pilote et le technicien chargé de la caméra sont descendus boire un café. Un mécano vient de brancher le tuyau du kérosène et commence le ravitaillement. Max effleure la commande de sa vitre électrique, sort son arbalète, vise avec précaution et tire. Aucun son, aucun bruit n'accompagne la flèche qui a atteint son but : le réservoir.

L'équipage est remonté à bord, fait une rapide check-list d'après ravitaillement et le pilote enclenche le démarreur des turbines. Le bruit caractéristique enfle, arrive à son régime et un tout petit claquement se fait entendre. La goupille de Max a atteint le déversoir du réservoir et y a fait bouchon. Le régime des turbines s'affaisse soudain, jusqu'à caler. L'équipage sort furieux, le mécano se précipite. Max sourit, attend que l'équipage disparaisse de son champ de vision et enclenche la première pour aller attendre Serge et son équipe avec, espère-t-il, la chaîne. En tout cas, l'hélico de la police ne viendra pas contrarier leurs plans.

Valencia, héliport du Club Nautique,
samedi 20 mars 2004, 0h50

Serge en tenue de bord ajuste son casque et rejoint Guy déjà installé à son poste. Les turbines de l'EC145 commencent à tourner et à faire entendre leur son caractéristique. L'appareil décolle tranquillement, prend de la hauteur et s'incline en direction de la ville à 240 km/h.

La ville est en feu, des dizaines de *fallas* se consument et donnent à Valencia l'image d'une ville en guerre. Comme Marseille en 1423 quand ceux qui ont volé les chaînes mettaient la ville à feu et à sang. La place de l'Ayuntamiento est particulièrement impressionnante, les flammes semblent menacer les habitations. Le bouquet de feux d'artifices commence à cet instant. Un bruit immense couvre la ville et le ciel s'embrase.

Serge attrape son talkie :

– On ouvre la fenêtre et on secoue les tapis !

Valencia, cathédrale,
samedi 20 mars 2004, 1h05

Mathieu déverrouille le boîtier et tourne la petite molette qui déclenche les quatre explosions simultanées. L'oculus vole en éclat et les vitraux se brisent au sol dans une sorte de silence irréel couvert par les énormes pétarades des feux d'artifice. Mathieu contrôle son baudrier, attache son mousqueton à la corde et file vers l'oculus en un clin d'œil. L'hélico s'est stabilisé juste au dessus de l'oculus et Guy envoie l'extrémité des trois sangles des treuils à Mathieu qui les attrape au vol. Il s'attache la première à son baudrier, fait descendre la seconde vers Doumé pour qu'il en fasse autant et il guide la troisième qui va s'arrimer à la chaîne. La sangle est maintenant solidaire du premier maillon énorme de la lourde chaîne. Dehors des gens dans la rue, la calle de la Barchilla tentent d'observer médusés l'hélico stationnaire mais un projecteur situé sous la carlingue les éblouit. Certains composent déjà sur leur portable le numéro de la police.

Au top de Doumé, Mathieu fait signe à Guy qui remonte les deux élingues au bout de laquelle se trouvent Mathieu et Doumé. Mathieu se tient à côté de l'oculus pour aider Doumé à passer à travers l'ouverture sans se blesser. Une fois dehors ils sont treuillés rapidement et débouchent dans la carlingue. Guy commence à treuiller la chaîne qui semble monter sans problème. Ca y est, on la voit surgir de l'oculus. Guy commence à pousser les gaz et à faire s'élever l'appareil. La chaîne raclant les murs de l'enceinte sacrée et massacrant le reste de vitraux de l'oculus ferait mourir d'apoplexie un conservateur de musée…

– Stop au treuil, on s'arrache !

Guy met plein gaz ce qui entraîne par en dessous la chaîne qui se déroule comme une chenille au sortir de l'oculus. Image surréaliste, un hélicoptère survole une ville en flammes et en plein feu d'artifice, traînant derrière lui 560 kgs de chaîne…

Le trajet vers le Palais des Congrès a pris moins d'une minute et à l'entrée de la voie intérieure Louis se signale par un allumage de sa lampe. Le Jumper est à l'abri des regards indiscrets dans le passage couvert.

Serge dépose la chaîne au sol en jouant sur le treuil et en perdant de l'altitude pour la coucher au sol. Déjà Louis l'a capturée par le bout qui a touché le sol et la tire à l'intérieur de l'utilitaire avec le treuil qu'il y avait installé. La chaîne s'enroule tranquillement dans la camionnette. Serge a posé l'appareil coupé les moteurs et il pose le casque, ainsi que sa tenue de pilote dans le cockpit, le tout aimablement prêté par la société de location. Il s'installe dans la C5 à côté de Max au volant. Doumé monte à l'arrière et la voiture se dirige vers l'*autopista*.

Mathieu, Louis et Guy finissent de hisser la

chaîne dans le Jumper, claquent les portes arrières et s'installent dans l'habitacle. Guy prend le volant et le Jumper démarre, parcourt le long passage couvert pour déboucher 300 mètres plus loin hors de la vue des éventuels témoins de la scène. Un peu plus loin Guy arrête le Jumper pour permettre à Louis de descendre à l'arrêt du tram qui dessert le palais des Congrès et le Hilton. Et lorsque le tram arrive (il circule toute la nuit les soirs des *fallas*) il se mêle aux piétons qui en débarquent et qui n'ont peut-être pas fini leur nuit. Il se dirige vers le Hilton.

Depuis la chambre 1611 du Hilton situé juste en face, Marilyn observe le quartier. Tout est désert. Un peu plus loin une *falla* finit de se consumer. L'hélicoptère devenu désormais inutile est stationné là, tous feux éteints. Elle aperçoit Louis qui vient la rejoindre.

Mathieu aimerait bien parler à Marilyn mais il se retient. Le Jumper contourne la vieille ville par le Nord, le long de la coulée verte. Cette coulée spectaculaire qui n'est autre que le lit du fleuve qui a été détourné. Et ils sont là dans une espèce de galère à quatre roues, ramenant l'une des chaînes du port pendant que Valencia est à feu mais (heureusement) pas à sang !

– Eh ben voilà ! on l'a ta chaîne !

– C'est dommage qu'on n'ait pas pu prendre les deux !

– Ah voilà les jeunes, il vous faut tout. Tu crois qu'on a pas assez pris, de risques ?

– Mais oui, je sais, je plaisante ! c'est génial !

Valencia, port Neptune de l'America's Cup, samedi 20 mars 2004, 1h48

Le Jumper est devant le portail du port Neptune de l'America's Cup. Guy tape le code sur le boîtier et le petit gyrophare orange se met à tourner tandis que le lourd portail s'ouvre en glissant sur son rail. Sur le quai, un homme fait des signes avec une lampe électrique. Guy se dirige vers lui et pénètre sous le hangar ouvert. Tandis que la porte bascule pour se fermer, Guy coupe le moteur, descend et tombe dans les bras de l'homme qui les attendait.

– Quel plaisir de te revoir Marco ! Mathieu, je te présente Marco, logisticien d'Alinghi.

– Enchanté

Les deux homme se serrent la main.

– Marco va nous ramener notre petit souvenir de Valencia.

– Ah ! Et comment ?

– Ça c'est un secret dit Marco, hilare… Nous avons trois camions de. transport exceptionnel pour faire transiter les bateaux depuis la Suisse. Ce sont des transports très encadrés et escortés par la police. Donc tu peux être tranquille, personne n'ira voir ce qu'Alinghi, bienfaiteur de l'Espagne transporte dans son coffre à mat. Et un SUI (le nom des bateaux d'Alinghi) c'est 25 mètres de long et un mat de 30 mètres !

Mathieu ouvre les portes arrières du Jumper. Marco a pris en main un boîtier relié à la grue qui court sous le plafond du hangar. Le crochet descend et Guy et Mathieu l'accrochent à la chaîne. Celle-ci, raclant sur le sol s'approche d'une caisse en métal destinée à transporter une partie de l'accastillage d'Alinghi. Avec l'aide de Guy et de Mathieu la chaîne prend sa place et s'enroule dans la caisse. Puis Marco referme le couvercle de la caisse et noue les petits fils d'acier des étiquettes aux couleurs d'Alinghi aux anneaux disposés aux quatre coins de la caisse et écrase les plombs qui les scellent.

Guy et Mathieu remontent dans le Jumper et prennent la route d'Alcublas.

Autopista AP-7 à hauteur de Barcelone, samedi 20 mars 2004, 3h30

La C5 entame le contournement de Barcelone. A l'arrière Doumé s'est étendu sur la banquette et dort à poings fermés. Max a calé le régulateur de vitesse à 185 km/h depuis Valencia. Le seul radar de cette portion d'autoroute a bien été signalé par le GPS et le flash a été évité. Une aire de ravitaillement est annoncée. Le ralentissement réveille Serge.

– Je te passe le volant ? Demande Max à Serge qui dort comme un bienheureux depuis Valencia.

– OK. On fera le plein là comme prévu. Ça va la jauge ?

– Oui, oui, c'est un chameau cette bagnole, pourtant on a roulé !

La voiture emprunte la voie d'accès à la station service et se présente devant une pompe à gazole. Max descend, ouvre la trappe à gazole et commence à remplir le réservoir. Il fait beau, la nuit est douce et Serge baille.

– Tu te sens de conduire ?

– Nickel !

– OK, on prend un café ?

Les deux hommes se dirigent vers le bâtiment et tandis que Serge règle en liquide, Max commande deux cafés.

– Tu es inquiet pour la frontière ?

Serge fait tourner sa tasse à café pour bien

récupérer le sucre du fond.

– Pas du tout ! Personne ne va penser qu'une C5 immatriculée on ne peut pas savoir où en Espagne ramène deux voleurs de ferraille !

Max éclate de rire :

– Max et les ferrailleurs ! MdR comme dit ton fils !

Les deux hommes remontent dans la voiture d'où Mathieu n'a pas osé descendre pendant qu'ils buvaient un café.

Max lui tend un soda américain et une barre chocolatée, reprend le volant, démarre et la voiture reprend l'autoroute.

À cinq heures pile, la voiture emprunte la sortie 42 Perpignan Sud, passe le péage où Max lance l'appoint en monnaie dans la corbeille, entre en ville tandis que Serge envoie un SMS au garagiste perpignanais qui devrait les attendre comme prévu. Guidé par le GPS, Max s'arrête devant le rideau métallique du garage Blandin qui est en train de remonter. La voiture rentre dans le garage et le rideau redescend derrière. C'est Jo, le propriétaire du garage Blandin qui avait loué la voiture en Espagne pour le compte de Serge et c'est lui qui la ramènera à l'agence Hertz de la Junquera, la ville frontière, plus tard. Une 407 attend le trio. Serge à qui le garagiste a donné les clés les tend à Doumé pour lui signifier que c'est son tour de conduite. Doumé s'installe au volant tandis que Max qui a dormi depuis Barcelone s'assoit à ses côtés et que Serge se radasse à l'arrière.

Valencia, aéroport,
samedi 20 mars 2004, 5h30

Marilyne et Louis descendent du taxi à l'aéroport de Valencia. À la une du Levante, l'un des quotidiens les plus lus ici, rien qui ne les concerne. Louis s'était fait le délire qu'il y aurait son portrait sur tous les journaux avec l'écriteau « Wanted ». Mais les journaux ont bouclé bien avant que la chaîne marseillaise ne prenne son envol dans le ciel de la ville… Ils se présentent à l'embarquement du vol IB8971 pour Madrid et n'attirent aucune attention particulière.

En ville la fête continue même si l'intensité n'est plus la même. Dans les rues les balayeuses sont déjà à l'ouvrage pour déblayer le plus grand remue-ménage de l'année, des tonnes de cendres, de poubelles, de fusées, de pétards, de churros, de barbe à papa et des reliefs des abus gastriques de la nuit.

Marseille, quai du Port,
samedi 20 mars 2004, 8h45

Doumé a déposé Max chez lui aux Cinq-Avenues et se dirige vers la mer. La 407 se range en double file dans la rue de la Loge. Les deux hommes déchargent les quelques affaires du coffre et les montent dans l'appartement de Serge. Ce dernier donne sa chambre à Doumé qui ne se fait pas prier pour s'affaler sur le lit. Serge ferme la porte, s'étire, baille et se jette sous sa douche bien chaude.

Aéroport Marseille-Provence,
samedi 20 mars 2004, 12h15

Le vol AF2301 / AF7662 Madrid – Marseille via Paris, vient d'atterrir. Marilyne et Louis n'ont pas de bagage enregistré et peuvent donc aller directement à la navette qui relie l'aéroport à la gare routière de Marseille. C'est là qu'ils se séparent après une étreinte amicale.

Alcublas,
samedi 20 mars 2004, 13h30

Guy et Mathieu se sont mis à table après avoir sombré dans le sommeil au retour de l'expédition. Mathieu a reçu dans son mail un message de son père qui lui a envoyé le mot clé signifiant qu'ils sont bien arrivés « trois flamants à la maison ». Sur la table du café, du lait, du jambon, du pain qu'ils ont décongelés. Guy débouche une bouteille de Rioja.

– J'ai été très sérieux, j'ai pas bu une goutte d'alcool depuis 24 heures… Tu en veux ?

– Allez ! à votre santé Guy et merci pour tout.

Sur l'écran de la télé locale TVVi Canal de Radiotelevisió Valenciana apparaît soudain la cathédrale. Guy monte le son avec la télécommande. Le reportage montre l'intérieur de la chapelle du Saint Calice, la chaîne restante et l'emplacement de la chaîne envolée. Puis la caméra zoome sur l'oculus pour montrer les dégâts provoqués par le frottement de la chaîne sur le pourtour de cette ouverture.

Mais ce qui les inquiète le plus ce sont ces images de la chapelle Saint-Louis qui a été manifestement elle aussi « visitée ». La caméra s'approche de l'emplacement où se trouvait le reliquaire. D'après ce qu'ils comprennent du commentaire, les reliques de saint Louis d'Anjou, ont elles aussi fait partie du butin. Guy et Mathieu se regardent incrédules. Quelqu'un a profité du remue-ménage dans la cathédrale à moins que… À un moment, Doumé a dit à Mathieu qu'il allait pisser. Ce qui lui a paru une idée idiote mais inévitable. Il s'est même posé la question de savoir où il allait oser pisser dans une cathédrale ? Est-ce qu'il n'aurait pas profité de ce moment, qui a duré d'ailleurs pas mal de temps, pour briser la vitre du reliquaire et s'emparer de tout ou partie des reliques du saint ? Mais dans quel but ? Et comment les aurait-il sorties ? En y repensant, Doumé portait un sac à dos certes petit mais deux vertèbres ça ne prend pas beaucoup de place.

Puis le journaliste apparaît à l'écran et parle assez vite. Avec leur connaissance limitée de la langue valencienne (une variante du catalan mais les Valenciens ont horreur que l'on qualifie ainsi leur langage) Guy et Mathieu comprennent que la police ne possède aucune piste et un appel à témoins est lancé tandis qu'un numéro de téléphone apparaît à l'écran. Mathieu rédige un message sur son mini-PC pour faire un résumé de ce qu'ils viennent d'entendre à destination de son père qui doit être à présent en train de récupérer de la fatigue accumulée ces dernières 24 heures plutôt trépidantes.

L'après-midi Guy et Mathieu passent le Jumper et surtout le volume de chargement au Kärcher. Il ne s'agit pas d'y laisser une seule trace de la chaîne. Ils ne peuvent cependant pas effacer les renfoncements de la tôle causés par le frottement de la chaîne quand ils l'ont chargée au treuil.

Marseille, quai du Port,
samedi 20 mars 2004,19h00

Serge vient d'allumer la télé. Michel Aliaga donne les titres du journal de France 3 Méditerranée. Le titre en Une a failli lui provoquer une émotion : « *Manifestation anti-guerre…* » C'est parfois difficile de porter son nom. De plus, son grand-père maternel s'appelait Pey. Ce qui avait donné des décennies de blagues faibles en famille après le mariage des familles Guerre et Pey. Serge s'est farci tout le journal avec le nettoyage de la calanque de Morgiou et l'exposition Picasso Matisse au musée Grignan mais rien sur les chaînes du port de Marseille. C'est plutôt rassurant.

Alcublas,
dimanche 21 mars 2004, 9h20

Guy au volant du Jumper et Mathieu à côté de lui quittent la ferme de Juanito. Ce dernier qui vient de reprendre possession des lieux les salue. Il leur faudra moins de deux heures pour gagner Castellon de la Plana, une ville sur la côte au Nord de Valencia. Le Jumper est abandonné au parking central, le ticket jeté à la poubelle. Le train Euromed (c'est comme ça que s'appellent les trains rapides) de 11h44 les dépose à la gare de Barcelone à 14h09.

Après un après-midi touristique, Gaudi pour la Sagrada Familia, déambulation sur les Ramblas et un dernier arroz noir (riz noir) à l'encre de seiche, Guy et Mathieu se rendent séparément à l'Etap hôtel de l'aéroport, choisi car très discret, on n'y passe pas par la réception qui d'ailleurs est désertée à partir de 20 heures. Et on entre dans sa chambre avec un code d'accès.

Aéroport Marseille Provence,
lundi 22 mars 2004, 10h15

C'est par le vol direct Iberia IB8562 parti de Barcelone à 8h45, que Mathieu et Guy arrivent à Marseille. Serge est venu les attendre et les ramène en ville dans sa voiture.

– Tenez, lisez ça !

Serge a acheté deux exemplaires de *La Provence* pour que Guy et Mathieu puissent prendre connaissance de l'article. En « Une » ce titre :

« ***Qui a enlevé l'une des chaînes du port de Marseille et les reliques de saint Louis d'Anjou de la cathédrale de Valencia en Espagne ?*** »

Une photo montre la chaîne telle qu'elle était exposée auparavant. En page intérieure un long article avec un encadré et la photo de Pierre Echinard, l'historien marseillais mis à contribution pour éclairer le background historique de l'affaire. Mais le meilleur reste à venir avec l'autre encadré qui s'interroge sur l'identité de ceux qui ont fait le coup et sur leurs possibles motivations. Les sectes, le milieu marseillais (comme si il y en avait encore un), les anti-cléricaux et les supporters de l'OM sont montrés du doigt.

– Je sais à quoi tu penses papa ! tu penses qu'on a piqué les reliques !

– Ben tu vois, aussi curieux que ça puisse te paraître l'idée m'est bien venue mais je l'ai très rapidement écartée. J'ai bien vu quand vous êtes remonté de la chapelle, j'aurais remarqué si vous aviez eu un colis suspect. Tu me diras que vous avez très bien pu les confier à quelqu'un, à un complice qui serait sorti par une autre issue, mais j'y crois pas. Je crois qu'on s'est fait observer à un moment ou à un autre ou bien qu'il y a eu une fuite chez nous ou chez nos contacts et que des petits malins ont profité de notre diversion pour voler les reliques. On était sept sur le coup plus Juanito, le garagiste de Perpignan, plus leurs contacts à eux, il n'est pas à exclure qu'il y ait eu une information transmise à mauvais escient !

Mathieu évite la réplique marseillaise grand classique des blagues faibles : « Encore un Arménien » mais réfléchit.

– Le pire c'est que si on se fait gauler on va nous demander où on a planqué les reliques !

Mais le journal réserve encore une nouvelle hilarante, André Marcarian déclare qu'il tient à la disposition du courageux supporter (car il ne doute pas qu'il s'agisse d'un coup des supporters de l'OM) les 50 000 € promis…

Marseille, quai du Port,
lundi 22 mars 2004, 18h00

– Bon on debriefe et je vais vous donner les instructions pour la suite des événements.

Serge a repris le ton militaire et énonce à l'équipe les consignes à respecter dorénavant. Il termine en débouchant la bouteille de Champagne qui attendait au frais dans son seau.

– Je bois à la réussite totale de l'opération, au courage et au professionnalisme, oui j'insiste, au professionnalisme des jeunes, oui ! Vous nous avez bluffé les gars ! et je bois bien sûr à mes deux amis qui encore une fois m'ont prouvé leur talent et leur amitié. A nous tous !

Tout le monde trinque, Marilyne a les larmes aux yeux et les montre tandis que Mathieu, Doumé et Louis tentent de les masquer.

– Allez en route ! oh vous savez on va pas bien loin, je vous ai préparé une petite surprise, j'ai commandé une bouillabaisse au Miramar. Je sais que Marilyne en rêve depuis longtemps de manger la vraie bouillabaisse ! Au Miramar, ils sont accueillis par Christian, le chef du réputé restaurant marseillais qui leur a réservé la belle table sous le vivier où se prélassent quelques langoustes feignasses.

Marseille, Hôtel de Ville,
mardi 23 mars 2004, 10h40

– Colonel, c'est Jean-Claude Gaudin…

– Oui monsieur le Maire, je vous écoute !

– Vous avez des infos sur cette histoire de chaînes ?

– Négatif monsieur le maire, je vous rappelle que dans votre discours du 26 novembre dernier vous en aviez parlé, ça a peut-être donné des idées à certains !

– Oh non, je ne le crois pas, mais je compte sur vous si vous entendez quoique ce soit parce que l'affaire est en train de prendre des proportions que je qualifierai de casus belli.

Serge raccroche. Il a bien noté que le maire l'a fait appeler sur son fixe et non sur son portable comme pour s'assurer que le colonel était bien chez lui et pas en Espagne par exemple…

Valencia, Ayutamiento (mairie),
Bureau du maire, mardi 23 mars 2004, 11h10

Née en 1948, Rita Barberá Nolla, l'alcaldesa (madame le maire) de Valencia depuis 1991 n'a qu'une chose de réellement en commun avec Jean-Claude Gaudin : le fait d'être elle aussi célibataire... Très populaire cette « dame de fer » a été réélue chaque fois très confortablement (*). Il faut reconnaître que Valencia a été profondément transformée sous ses mandatures et que la ville lui doit sans aucun doute le bénéfice de l'attribution de l'America's Cup.

– Je veux qu'on retrouve les types qui ont fait ça ! Venir souiller notre cathédrale, les salauds, il n'y a pas d'autres mots. Ces chaînes sont à nous et pas à ces pouilleux de Marseillais. Il parle espagnol leur maire là ? Non ? On va lui écrire en valencien, il fera traduire... Et le mettre devant ses responsabilités. Prenez la dictée s'il vous plaît Carmen !

– Lettre adressée à monsieur Jean-Claude Gaudin, maire de Marseille, Hôtel de Ville, c'est quoi l'adresse ?

Une voix provenant d'un assistant devant son écran :

– Rue de la prison Madame !

– Ah ça c'est bon, c'est prémonitoire et pour les oranges on a ce qu'il faut !

Le rire de Rita fuse et on entend celui de Montserrat Caballé dans l'air de la folie de Lucia de Lamermoor. Il y a d'ailleurs une certaine ressemblance avec la diva.

« Monsieur le maire,

Vous n'êtes pas sans savoir que l'on s'est permis de voler l'une des chaînes de votre port, conquise il y a maintenant près de 600 ans par, j'allais dire par notre glorieux ancêtre ! (rires dans le bureau)…

… Par le roi Alphonse le Magnanime. De plus, les voleurs se sont comportés comme des profanateurs en emportant les reliques de saint Louis obispo qui appartiennent aussi à notre patrimoine. Tout porte à croire que cet acte délictuel a été perpétré par l'un de vos concitoyens aigri par l'attribution de la coupe de l'America à notre ville. Aussi je me permets de vous annoncer qu'une procédure judiciaire va être lancée contre vous en tant que responsable…

– Madame, vous ne pouvez pas dire ça, juridiquement ça ne tient pas

– Je le sais que ça ne tient pas mais il faut lui faire peur pour qu'il se bouge et pousse sa police à travailler. Bon justement Luis puisque vous semblez avoir de bonnes idées, vous allez me finir la lettre et me la soumettre pour que je la signe.

Madame le maire se lève et signifie d'un geste explicite que la réunion est terminée.

(*) À noter que Rita Barberá Nolla a été élue 6 fois maire de Valencia de 1991 à 2015 et qu'elle a battu aux élections de mai 2007 un record historique avec 57,45% des voix. Pendant la campagne électorale, elle a eu cette amicale remarque vis à vis du Premier Ministre Zapatero : « Zapatero, multiplicate por cero » (Zapatero, multiplié par zéro). Seule ombre au tableau, le fait qu'elle se soit appropriée des tableaux importants appartenant au musée des beaux-arts de Valencia pour décorer son bureau à la Mairie, ce qui lui a été reproché par l'opposition socialiste et la presse locale en 2008. Rita Barberá Nolla est décédée le 23 novembre 2016 à Madrid.

Péage de Saint-Jean de Védas,
au Sud de Montpellier,
mardi 23 mars 2004, 15h20

La voie hors gabarit a été ouverte et deux gendarmes scrutent l'autoroute d'où devrait arriver incessamment l'un des camions de la flotte Alinghi. Ces monstres capables de transporter un bateau de 25 mètres de long avec son mat de 30 mètres en position couchée roulent sur une centaine de roues. Ils sont escortés en permanence par une voiture pilote et, dans le cas d'Alinghi, par une escorte policière à moto. Aujourd'hui le convoi rentre à vide, sans mat et sans bateau, comme à l'habitude dans le sens Espagne-Suisse. Sauf la boîte d'accastillage dont le poids a surpris l'un des deux chauffeurs. Mais Marco l'a rassuré.

Le trajet de Valencia à la frontière s'est passé sans encombre et la caisse plombée renfermant la chaîne, n'a pas attiré de remarques ou de questions de la part des policiers chargés de l'escorte. À présent, les deux gendarmes font signe au chauffeur pour qu'il s'engage sur la voie d'évitement du péage et l'invitent à s'arrêter.

– Bonjour, Gendarmerie Nationale, pouvez-vous nous présenter l'arrêté de transport exceptionnel. Le chauffeur tend le papier demandé qui est évidemment parfaitement en règle.

– Je vous demande pas les papiers du véhicule sinon on en a pour la journée, continue en plaisantant l'un des gendarmes.

Sourire du chauffeur et des deux motards de l'escorte eux aussi gendarmes.

– Allez-y et bon voyage.

Le gendarme aura quelque chose à raconter ce soir à la maison. Il a vu passer le camion du bateau des Suisses qui ont gagné la coupe de l'America...

Le camion poursuit sa route et met son clignotant pour sortir à l'aire de repos de Fabrègues. Les deux motards continuent leur route. Ils seront remplacés dans deux heures par une nouvelle escorte que le camion attendra là. L'engin s'arrête sur le parking camion où il prend par le travers la place de sept remorques classiques. La voiture pilote abandonne le convoi pour aller vers la passerelle où se trouvent les commerces et le restaurant. Un gros camion Scania à benne et grue se rapproche du convoi Alinghi, puis se range sur son côté à presque le toucher. Les chauffeurs d'Alinghi descendent, se dirigent vers la caisse en bois sous le berceau du camion et présentent le gros anneau de la caisse sur le crochet de la grue du Scania. La caisse s'élève dans les airs jusqu'à un hauteur suffisante pour être au dessus du niveau de la benne, puis la grue pivote de 90 degrés, descend et pose la caisse au fond de la benne. Le deuxième homme du Scania qui était dans la benne et qui répond au prénom de Guy, décroche la grue de l'anneau de la caisse et remonte dans la cabine rejoindre son acolyte, un certain Max.

Le Scania démarre et rejoint l'autoroute A9 en direction de Nîmes.

Marseille, parvis de l'Hôtel de Ville,
mardi 23 mars 2004, 23h30

Guy qui a depuis pris le volant du Scania se gare contre les barrières qui protègent le parvis de la mairie de Marseille, sur le Vieux-Port. Max descend, pousse les barrières qui gênent leur manœuvre et le camion peut ainsi se garer pratiquement contre la mairie. Guy descend à son tour après avoir lancé la manœuvre de la benne du camion. Les deux compères contournent la mairie tandis qu'une voiture de police se rapproche dangereusement. Ils sont vite à l'abri sous le porche de Serge et montent à son appartement. Du balcon, les sept membres de l'équipe à nouveau réunie contemplent le spectacle. Le Scania la benne levée fait tourner son gyrophare orange dont la lumière se reflète sur une lourde chaîne déposée au sol, devant la mairie de la ville où elle avait été subtilisée il y a près de six siècles.

Marseille, quartier de Mazargues,
domicile principal de Jean-Claude Gaudin,
mardi 23 mars 2004, 23h45

L'inventeur de l'expression « la France d'en bas » (1) entend sonner le téléphone depuis un moment du fond de son lit. Il sait que si on l'appelle à cette heure là c'est pour une mauvaise nouvelle.

– Allo !

– C'est Claude, y a un camion qui vient de déposer le contenu de sa benne devant la mairie…

– Et c'est quoi le contenu de la benne ?

– Une des chaînes du port de Marseille qui était exposée à Valencia, en Espagne.

– C'est pas vrai ! ils veulent me faire porter le chapeau ! il faut enlever ça tout de suite et la rendre…

– Ça va être difficile il y a les télés qui filment et TF1 va passer le sujet au journal de la nuit…

– On fait quoi alors ?

– J'ai fait mettre des barrières autour et la police municipale va la garder jusqu'à nouvel ordre…

Jean-Claude Gaudin pose le téléphone, baille, attrape sur la table de nuit sa télécommande, qui, compte tenu de l'âge de sa télé, allume l'appareil sur la « première chaîne ».

L'une des chaînes de Marseille sur la première chaîne… décidément, y a plus qu'à attendre qu'ils ramènent la deuxième pour la passer sur la deuxième... se dit le maire de Marseille en souriant. Cette histoire est ennuyeuse mais très distrayante...

Après l'indicatif du journal de TF1, le présentateur lance les titres puis apparaît derrière lui la façade de la mairie de Marseille avec les flashs qui crépitent et un journaliste face caméra, son micro sous la bouche et le doigt enfonçant bien profondément son oreillette.

« *Alors que se passe-t-il sur la Canebière ?* » (avec l'accent inimitable du journaliste parisien croyant faire la blague pour la première fois).

« *Vous le voyez, les Marseillais sont venus voir la chaîne qui protégeait leur port autrefois et qui a été mystérieusement rapportée de Valencia en Espagne, où elle était exposée dans la cathédrale.* »

Derrière le journaliste des jeunes qui se foutent de la chaîne comme de leur premier petit pot, essaient de faire coucou à la caméra.

---

(1) : Interviewé par Jean-Pierre Elkabbach sur Europe 1, le maire UMP Jean-Claude Gaudin s'est approprié la paternité de "La France d'en bas" : "C'est moi qui ait inventé l'expression, a-t-il assuré. Je l'ai soufflée ensuite à Jean-Pierre Raffarin". En 2002, le Premier ministre de Jacques Chirac avait utilisé cette formule comme symbole de ses premières mesures.

Marseille, quai du Port devant l'Hôtel de Ville, mercredi 24 mars 2004, 8h50

Un camion grue et une douzaine d'employés municipaux dont trois s'agitent tandis que les neuf autres regardent, sont censés s'employer à dégager la voie de cette encombrante chaîne. Le chef, talkie-walkie en mains, communique avec le manipulateur de la grue qui soulève la chaîne et la présente au dessus de la benne du camion dans laquelle elle disparaît dans un bruit de ferraille dont la résonance tarde à s'estomper.

Sur le quai, là où le ferry-boat a son embarcadère, Pierre de Valbelle, procureur de la République surveille la manœuvre accompagné d'un commandant de police judiciaire et de deux gardiens de la paix. Il s'est auto-saisi comme on dit, alors qu'aucune plainte ne lui a été signifiée. Mais devant cette situation inédite il a du improviser. Première préoccupation, mettre la chaine en sécurité car c'est quand même LA pièce à conviction d'un indéniable délit. Mais où ? Le palais a bien une salle pour entreposer les scellés mais elle n'a pas été prévue pour une chaine de 560 kgs... Par ailleurs, il faut la laisser visible et disponible pour les éventuels besoins de l'enquête. Il a bien pensé à la cathédrale en se disant que les Marseillais pourraient ainsi faire un pied de nez aux habitants de Valencia qui ont gardé leurs chaines depuis près de 600 ans ! Mais cela serait à juste titre interprété comme une véritable provocation. Non il fallait un lieu neutre marqué par la puissance judiciaire, comme le palais de justice de la place Monthyon. C'est ce qui fut décidé et exécuté par les employés municipaux. La chaîne fut donc déposée à l'intérieur du palais et solidarisée par deux câbles d'acier aux colonnes de la salle des pas perdus.

Paris, palais de l'Elysée,
mercredi 24 mars 2004, 11h20

– Monsieur le président, vous avez une communication de la part du roi d'Espagne

– Le roi ? Qu'est-ce qu'il me veut ?

– Il veut vous parler monsieur le Président.

Jacques Chirac prend le combiné téléphonique :

– Allô !

– Monsieur le Président, je suis navré de vous déranger, Juan Carlos au téléphone

– Bonjour Sire, vous ne me dérangez jamais

– Monsieur le Président, je voudrais vous entretenir d'une petite affaire qui pourrait avoir des conséquences diplomatiques désastreuses entre nos deux pays.

– Je vous écoute, de quoi s'agit-il

– De la chaîne…

– La chaîne, quelle chaîne ? TF1, France 2, une chaîne vous a manqué de respect ?

– Mais non Monsieur le Président, vous n'êtes pas au courant ?

– Mais Sire, excusez-moi non je ne vois pas…

– La chaîne du port de Marseille enlevée du mur de la cathédrale de Valencia

– Ah oui j'ai vu cette histoire, mais franchement je ne vois pas en quoi ce regrettable incident pourrait affecter nos excellentes relations.

– Il ne s'agit pas que de ça, monsieur le Président. Vous avez peut-être appris que des reliques de saint Louis l'évêque avaient été aussi volées !

– Heu ! oui peut-être, je vous avoue que je débarque un peu dans cette histoire

– Monsieur le Président, ces reliques sont liées à notre monarchie. Plusieurs d'entre elles ont accompagné les souverains d'Aragon et nous ne pouvons accepter cette disparition

Jacques Chirac est en train de prendre conscience que cette affaire qui ne l'avait pas du tout concerné prenait une importance inattendue.

– Qu'attendez-vous de moi Sire ?

– Que vous fassiez tout ce qui est en votre pouvoir pour éclaircir cette affaire monsieur le Président

– Comptez sur moi Sire, je m'en occupe immédiatement. Mes hommages, Sire.

– Mes respects monsieur le Président.

Jacques Chirac est en train de se demander si le roi n'a pas trouvé une occasion de lui faire payer l'affront qu'il lui a fait subir en 1992, en refusant d'associer la ville de Paris aux cérémonies commémoratives de la découverte de l'Amérique par Christophe Colomb (*). Décidément cette histoire d'Amérique il va en boire la coupe jusqu'à la lie…

(*) Cet épisode de la mandature de Chirac à la mairie de Paris est peu connu. Pour lui ce sont les Vikings qui ont découvert ce continent. Mais il a voulu surtout protester contre les massacres des populations amérindiennes perpétrés alors par les conquérants. De plus, Jacques Chirac a organisé simultanément, à Paris, une grande exposition sur l'art Amérindien.

Marseille, quai des Belges,
mercredi 19 mai 2004, 20h50

15 000 supporters sont massés sur le Vieux-Port pour voir sur l'écran géant installé en bas de la Canebière la finale de la coupe de l'UEFA : OM contre le FC Valencia. Et comme l'a titré Cédric Rouquette dans le quotidien l'Equipe du lendemain, « *Le rêve (est) devenu cauchemar : L'Olympique de Marseille a perdu la finale de la Coupe de l'UEFA face au FC Valencia (2-0). Après une entame de match courageuse, l'expulsion de Barthez juste avant la mi-temps a précipité les Olympiens vers la défaite, s'offrant en victime désignée d'un club qui réalise le premier doublé Liga-Coupe d'Europe de son histoire.* »

39 avions avaient été affrétés pour transporter à Göteborg en Suède 8 000 supporters.

Des incidents ont éclaté sur le Vieux-Port de Marseille après le coup de sifflet final.

Marseille, quai du Port,
mercredi 10 novembre 2004, 18h20

Serge Guerre est affalé dans son canapé. Il regarde « C'est dans l'Air » présenté par Yves Calvi.

Devant lui, sur sa table basse, son verre de scotch Glenlivet, qu'il sirote en essayant de le faire durer le plus longtemps possible. Il machouille quelques noix de cajou. Qu'est-ce qu'il va bien pouvoir faire ce week-end du 11-Novembre ? Avec un « pont » en prime. Quatre jours probables d'ennui vu qu'il n'a pas fait de projet et il ne fait pas beau du tout.

Serge a fêté (enfin le mot « fêté » est très exagéré) ses 60 ans le mois dernier. Il ne va pas trop mal mais il voit le temps défiler à toute allure avec le sablier posé dans le mauvais sens…

Le plus extraordinaire c'est que le rapatriement des chaîes de Valencia n'a eu aucune conséquence fâcheuse vu que l'enquête des autorités espagnoles n'a pas pu déboucher faute de preuves. Il y a bien eu une perquisition de la villa d'Alcublas et une garde à vue pour Juanito dont il s'est tiré sans mal bien que soupçonné en raison de son passé d'agent de renseignement qui lui a justement permis de savoir quoi répondre (ou plutôt quoi NE PAS répondre) aux questions des enquêteurs. En France, non plus, l'enquête n'est pas allée très loin surtout que la police française a depuis quelques temps autre chose à faire qu'à s'acharner sur des voleurs de chaînes médiévales…

C'est sur le plan diplomatique que les conséquences ont été le plus dommageables. En effet, la justice espagnole mais aussi le gouvernement et la maison royale réclament le retour des chaînes qui sont toujours consignées dans la salle des pas perdus du Palais de Justice de Marseille. La justice française réplique qu'incontestablement ces chaînes appartiennent à la ville de Marseille puisqu'un panneau affiché sur les murs de la cathédrale de Valencia le précisait.

Et que même s'il y a prescription, elles ont bien été volées en 1423. Les magistrats insistent par ailleurs sur un point capital de la procédure en cours : une plainte pour recel a été déposée en même temps que celle pour vol. Or, en droit français, le recel est un délit imprescriptible tant qu'il se produit. Chaque jour qui passe, l'infraction est constituée par la simple présence du bien volé. Cette particularité a permis à des milliers de délinquants d'aller en prison alors qu'ils pensaient leur délit prescrit. Et en ce qui concerne les chaînes du port de Marseille, leur exposition sur les murs de la cathédrale depuis 1423 constitue l'un des plus beaux recels dont la justice française ait eu à se saisir !!!

Ce sont les deux vertèbres de saint Louis en fait qui posent le problème le plus délicat. En effet, si elles ont bien été enlevées de la chapelle Saint-Louis de la cathédrale de Valencia, personne ne sait où elles sont à présent. Donc quand l'Espagne demande leur restitution à la France, elle n'est pas en mesure d'apporter la preuve que ces reliques sont bien en France même si elle le soupçonne fortement.

Mardi 8 février 2005,
tribunal de Grande Instance de Marseille,
9 heures

Dans la salle d'audience pleine à craquer du tribunal, le juge Ferreti en robe rouge, hermine et tout le tralala, ajuste ses lunettes et procède à la lecture de l'ordonnance qu'il édicte en conclusion de la procédure en cours concernant les chaînes du port de Marseille. Après les préalables juridiques classiques viennent les « attendus » que tout le monde… attend…

« *Attendu que la réclamation de l'Etat espagnol ne se fonde sur aucun argument juridiquement audible, que la propriété légale et légitime de ces chaînes doit être attribuée à la ville de Marseille. Que cette propriété est en sus attestée par les conditions dans lesquelles ces chaînes ont été exposées trop longtemps à la vue de tous, accompagnées d'une légende sans équivoque sur l'origine frauduleuse de leur présence.*

Par ces motifs, décidons que les chaînes du port de Marseille restent et resteront à tout jamais propriété de la ville de Marseille.

Qu'en ce qui concerne la deuxième chaîne se trouvant aujourd'hui encore accrochée aux murs de la cathédrale de Valencia, elle doit être restituée à la ville de Marseille dans le délai d'un mois avec astreinte de 1000 € par jour de retard après la date limite de restitution.

Que la chaîne se trouvant actuellement déposée dans la salle des pas perdus du palais sera remise à Monsieur le Conservateur du musée d'Histoire de la Ville de Marseille… »

Un tonnerre d'applaudissements conclut la prise de parole du magistrat qui salua comme au théâtre, ce qui ne se fait jamais dans une enceinte judiciaire.

Mercredi 1er juin 2005,
musée d'Histoire de Marseille, 10h

Le tout Marseille culturel, bobo et pas bobo aussi d'ailleurs, s'est donné rendez-vous à l'événement de ce printemps Marseillais : l'officialisation du retour définitif de l'une des chaînes du port de Marseille.

Le jeune conservateur du musée d'Histoire de Marseille est monté sur une petite estrade à côté de laquelle se trouve une masse enveloppée d'un drap noir, la masse en question étant, comme tout le public invité à l'inauguration le subodore, la chaîne du port ramenée de Valencia.

Le « clan Guerre » est au complet ne voulant en aucun cas rater cette inauguration. C'est aussi l'occasion de serrer la main de nombreux Marseillais :

– Mon colonel, heureux de vous revoir, comment allez-vous ? »

Jusqu'au journal télévisé de France 3 Alpes Méditerranée qui vient à lui :

– Colonel, que ressentez-vous aujourd'hui ?

– Une grande fierté d'être Marseillais »…

S'ensuit un discours brillant du conservateur qui rappelle dans quelles conditions les chaînes du port avaient été enlevées par les Aragonais-Catalans en 1423. Vint ensuite le discours de Jean-

Claude Gaudin essayant de concilier la chèvre et le chou : « *Meuh…arseille a reuheu…trouvé l'une de ses cheuh…aînes, Valencia en a geu…ardée une, et voilà, tout leuh…meu…honde est content et oubleu…hions les queheu…relles d'euh…antan…* »

Et enfin, un jeune écolier marseillais tira sur la corde qui libéra le voile et fit apparaître la chaîne dans une posture qui lui permettait de dresser une de ses extrémités vers le ciel.

Les applaudissements furent d'une intensité incroyables. Beaucoup de Marseillais et de Marseillaises étaient en larmes mêlées de rires. On entendait les milliers de Marseillais qui n'avaient pas été invités à l'inauguration applaudir à tout rompre devant l'écran géant dressé contre le Centre Bourse où se situe le musée d'Histoire de Marseille.

Derrière la chaîne se trouvait un panneau couvert d'explications, de rappels historiques et de reproductions d'œuvres picturales où l'on pouvait voir la chaîne dans sa configuration où elle barrait l'entrée du port.

Si la presse française et espagnole s'était largement fait l'écho du retour de Valencia de l'une des chaînes du port de Marseille, son entrée au musée, officialisée par la justice française fit un bruit énorme cette fois dans la presse mondiale et sur les télés d'info en continu.

Des dizaines de cameramen du monde entier

faisaient la chasse aux interviews et aux micro-trottoirs sur le Vieux-Port. Une fois de plus on parlait de Marseille mais pas tout à fait sous l'angle que les habitants auraient imaginé...

Bien évidemment la presse espagnole et encore plus, la presse catalane se déchaîna (sic). Il fut même évoqué le boycott de Marseille pour les croisiéristes espagnols invités à rester à bord des luxueux paquebots lorsqu'ils y feraient escale.

Malgré quelques incidents provoqués par des Valenciens outrés de voir « leur » chaîne exposée ainsi au musée d'Histoire de Marseille, rien n'est venu perturber la décision de la justice française.

Les deux vertèbres de saint Louis d'Anjou ramenées par Doumé furent anonymement envoyées par la Poste à l'église Saint-Férréol les Augustins à Marseille, qui les plaça discrètement dans le reliquaire qui avait été fabriqué sur mesure pour contenir celles rendues par l'évêque de Valencia en 1956 et qui avaient été volées depuis. Mais, afin que cela ne se reproduise plus, le reliquaire fut placé derrière une vitre blindée.

Des milliers de Marseillais se sont rendus à Valencia admirer avec envie la deuxième chaîne de Marseille toujours suspendue aux murs de la cathédrale. À quand son retour pensent-ils en la contemplant. Mais les autorités valenciennes ont pris des mesures drastiques de sécurité et on ne leur refera pas le coup de l'hélicoptère.

EPILOGUE

Valencia, 3 juillet 2007

Alinghi remporte pour la deuxième fois consécutive la coupe de l'America.

Madrid, stade Bernabeu, 1er octobre 2008

L'OM est battu par l'Atletico de Madrid sur son terrain par 2 à 1 en match de la Ligue des Champions. A l'issue des incidents qui ont eu lieu dans les tribunes, Santos Mirasierra, membre du club de supporters des Ultras, a été interpellé puis placé en détention. Il écopera de 3 ans et demi de prison ferme mais sera libéré sous caution de 6 000 euros la veille du match retour à Marseille où l'Atletico de Madrid et l'OM feront match nul 0 à 0.

2009

En 2009 Marseille sera éliminé en quarts de finale de l'Europa Ligue par le Chakhtior Donetsk et le FC Valencia le sera en seizièmes de finale par le Dynamo Kiev.

2010

L'équipe suisse Alinghi a été éliminée par 2 victoires à 0 par le trimaran américain BMW Oracle en baie de Valencia.

2012

La Généralité de Valencia est en faillite

2013

L'édition 2013 de l'America's Cup a eu lieu à San Francisco.

13 juin 2015

Joan Ribo est élu maire de Valencia, succédant ainsi à Rita Barberá, qui était en place depuis 1991

23 novembre 2016

Rita Barberá décède à Madrid 593 ans jour pour jour après le sac de Marseille (du 20 au 23 novembre 1423).

« Valencia ! Les punaises sont à l'aise,
les cafards dans les placards... »

ANNEXE 1 – CONTEXTE HISTORIQUE ET POLITIQUE DU SAC DE MARSEILLE 1423

Le sac de Marseille du 20 novembre 1423 est l'une des conséquences de la guerre que se livrent, depuis le XIIIe siècle, les maisons d'Anjou et d'Aragon. À l'origine de cet antagonisme, les territoires revendiqués par les deux royaumes et, particulièrement, les royaumes de Naples et de Sicile.

L'une de leurs premières confrontations sanglantes est rentrée dans l'Histoire sous le nom des « Vêpres siciliennes » et se déroula en Sicile occupée en 1282. Sous le prétexte de l'affront d'un soldat français exigeant d'une noble insulaire de se soumettre à la fouille pour détecter si elle était porteuse d'une arme, le peuple se révolta et massacra les occupants Angevins.

Il est difficile aujourd'hui de saisir l'ambiance mystique qui collait aux guêtres des souverains angevins. Leur parenté avec le roi de France, Saint Louis, la découverte des reliques de Marie-Madeleine par Charles II d'Anjou et le destin de sainteté de son fil, saint Louis d'Anjou. Ce dernier, né à Brignoles en 1274, se fit remarquer par sa foi, ses pratiques pénitentes et, comme on le voit sur ses portraits, sa beauté. Devenu une idole lors de ses voyages, on lui attribua des miracles. Sa mort prématurée due à la tuberculose contractée dans les geôles catalanes alors qu'il était otage des

Aragonais contribua à son aura. C'est d'ailleurs après sa mort et la translation de ses reliques à Marseille que se renforça sa légende. Ses reliques étaient censées prolonger l'action guérisseuse du saint.

Si, contre sa volonté, Marseille est tombée entre les mains des Angevins en 1246, c'est parce que cette dynastie, rivale de la France, avait besoin d'un port ouvert sur la Méditerranée pour gérer ses ambitions siciliennes et napolitaines et même, jusqu'à 1291, ses intérêts en Terre Sainte.

En 1423, les Aragonais-Catalans se lancent dans une énième tentative de reconquérir la Sicile mais les Angevins les y attendent avec notamment la flotte de guerre marseillaise. Vaincu, frustré et humilié, le roi d'Aragon, Alphonse V le Magnanime se retrouve, sur le chemin du retour, devant le port de Marseille délesté de sa flotte et de son armée qui, justement, étaient la cause de sa défaite. Alors, pour se venger, il se lance à l'assaut de la ville sans défense.

Si les Aragonais-Catalans ont emporté les chaînes qui barraient l'entrée du port de Marseille, ce n'était pas le but de leurs rapines. Ils en voulaient aux reliques de ce saint faiseur de miracles, rejeton de leurs pires ennemis, ce qui explique qu'ils les aient ramenées à Valencia où elles se trouvent encore même si l'évêque de la cité valencienne a eu l'élégance de rendre deux vertèbres en 1956.

En ce quinzième siècle qui voit l'assaut aragonais sur Marseille, la Guerre de Cent Ans bat son plein, Jeanne d'Arc entend des voix, Gutenberg imprime en Allemagne, Léonard de Vinci enflamme la renaissance du Quattrocento, Christophe Colomb découvre l'Amérique et le roi René joue aux petites charrettes...

ANNEXE II – LES AIXOIS « AU SECOURS » DES MARSEILLAIS ?

L'incroyable tableau de Dandré-Bardon « les Aixois au secours des Marseillais attaqués par les Aragonais », salle des États de Provence, Hôtel de Ville d'Aix-en-Provence. Manque de bol, les Aixois avaient le même blason que les Aragonais-Catalans et ils sont arrivés 48 heures après la bataille...

The Melmac Cat

Liste des parutions

001 – *L'illusion du belvédère*, Patrick Coulomb (2016)
002 – *La porte des dragons*, Patrick Coulomb (2016)
003 – *#TCDJ, Le titre con du jour,* collectif (2016)
004 – *Plan de Campagne*, Stéphane Sarpaux – co–édition avec Gaussen (2017)
005 – *La liste d'attente*, Robert P. Vigouroux – co-édition avec Gaussen (2017)
006 – *Fun TV Club, l'intégrale* (2017)
007 – *On l'appelle Marseille*, Patrick Coulomb – co-édition avec Gaussen (2017)
008 – *Marseille, an 3013,* collectif – co-édition avec Gaussen (2018)
009 – *Docteur Miam*, Patrick Coulomb (2018)
010 – *Une collection de monstres*, Patrick Coulomb (2019)
011 – *Star*, Sébastien Doubinsky (2019)
012 – *Le feu au royaume*, Sébastien Doubinsky (2019)
013 – *Orenœn*, Patrick Coulomb (2019)
014 – *Que vienne le temps des dragons*, Patrick Coulomb (*La porte des dragons* + *Orenœn*) (2019)
015 – *Il était une fois dans la bibliothèque,* collectif – co-édition avec Gaussen (2019)
016 – *La théorie des dominos*, Sébastien Doubinsky (2020)
017 – *Le chemin le plus court n'est pas la ligne droite*, Patrick Coulomb (2020)
018 – *Pestilence*, Bruno Leydet (2020)
019 – *Voyages immobiles en temps de confinement*, collectif – co-édition avec Ramsay (2020)
020 – *14 histoires de musique(s) à Marseille*, collectif - co-édition avec Gaussen (2020)
021 – *La femme qui mangeait des fleurs*, Guillaume Chérel (2021)

022 – *Sketchbook #01*, dessins de Boloniaise (2021)
023 – *Julia, une île*, Olivier Boura (2021)
024 – *La porte des dragons, livre 1 & livre 2*, Patrick Coulomb (réédition, 2021)
025 – *Surf*, François Thomazeau (2022)
026 – *26 mai 1993*, Giovanni Privitera (2022)
027 – *Le vortex des Réformés*, Patrick Coulomb (2022)
028 – *Fuir*, David Humbert (2022)
029 – *L'éveil du Philalèthe*, Jérémie Morançon (2023)
030 – *Le cercle des Polardeux marseillais*, collectif (2023)
031 – *1m976*, Gérald Wittock (2023)
032 – *La Source bleue*, Bruno Carpentier (2023)
033 – *Changer de vide*, Stéphane Menu
034 – *Coureurs de nuages*, Pierre Luciani (2023)
035 – *Marseille, 1423, on a volé les chaînes du port*, Jean-Pierre Cassely (2023)

Liste des collections

Melmac / Ailleurs(s)
L'illusion du belvédère - Patrick Coulomb
La porte des dragons, livre 1 & livre 2 – Patrick Coulomb
Pestilence – Bruno Leydet
Julia, une île – Olivier Boura
L'éveil du Philalèthe – Jérémie Morançon
1m976 – Gérald Wittock
Coureurs de nuages – Pierre Luciani

Melmac / Esprit Noir
Le feu au royaume – Sébastien Doubinsky
Star – Sébastien Doubinsky
La théorie des dominos – Sébastien Doubinsky
Le chemin le plus court n'est pas la ligne droite – Patrick Coulomb
La femme qui mangeait des fleurs – Guillaume Chérel

Fuir – David Humbert
Le Cercle des Polardeux marseillais – collectif
La Source bleue – Bruno Carpentier

Melmac / Pop
#TCDJ, Le Titre Con Du Jour – collectif TCDJ
Fun TV Club, l'intégrale
Docteur Miam – Patrick Coulomb
Une collection de monstres – Patrick Coulomb
Sketchbook #01 – Boloniaise

Melmac / Poésie
Surf – François Thomazeau

Melmac / Marseille
26 mai 1993 – Giovanni Privitera
Le vortex des Réformés – Patrick Coulomb
1423, on a volé les chaînes du port – Jean-Pierre Cassely

A venir

En collections
Nous étions de jeunes punks innocents – Paul Milhaud
Ibomiran – Patrick Coulomb & Bernard Vitiello, avec la participation de Jacques Barbéri
Blast – Jean-Marc Durand-Gorde
L'argent du sucre – Pierre Fiastre
Paris District Zéro – Jérémy Bouquin
Le Cercle des polardeux marseillais, saison 2, 'Et pour quelques polars de plus' – collectif
La trilogie des bras cassés – Patrick Coulomb

Hors-collections
Nitrate, ou la mauvaise réputation – Nitrate
Golem Experience – Anik Cohen & Aymar Batetana Casanova

Achevé d'imprimer en France par
Centre Littéraire d'Impression Provençal
imprimerie-clip.com
Imprimé sur papier Clairefontaine fabriqué dans les Vosges.

Collection dirigée par Patrick Coulomb
Illustration de couverture by © The Coolpop Agency
tableau : Alphonse V d'Aragon,
par Vicente Juan Masip, musée de Saragosse
Création graphique et maquette © The Coolpop Agency
Corrections The Coolpop Agency & Bruno Richard

The Melmac Cat vient d'une autre planète.
Ses collections sont ouvertes aux récits de fiction
et de genre, aux chroniques et à la poésie urbaine.
Et au reste, bien sûr.

-

Sous la voûte céleste, ou autre.

MERCI
GRAMACI
THANKS
GRAZIE
GRACIAS
OBRIGADO
EUCHARISTO
SPASIBA
HVALA
DANKE
TAK
TODA
CHENORHAGALOUTIOUN
MADLOBA
CHOUKRAN
JERE JEF
ASANTE
NAMASTE
XIEXIE
GAMSAHAEYO
CAM' ON
ARIGATO